Las Aventuras en el Espíritu Santo

Con Elogios de

LAS AVENTURAS EN EL ESPÍRITU SANTO

Si tuviera que valorar este libro, le daría la máxima nota permitida. Mi hermana, Lourdes, es una mujer temerosa de Dios y ungida por el Espíritu Santo. Me quito el sombrero ante ella. Dios se ha complacido en agraciarla con muchos dones—entre ellos el de escribir. Mientras leía este libro me transporté a la provincia de Bocas del Toro, donde nací. Reviví muchas experiencias y recuerdos de las dificultades por las que pasamos y me hizo llorar; pero en medio de todo, Dios nunca nos ha abandonado.

Al hacer este viaje a través de Las Aventuras en el Espíritu Santo me impactó al leer los milagros y testimonios en cada capítulo. El Espíritu Santo ha utilizado a Lourdes como profeta para alcanzar las necesidades físicas, emocionales y espirituales de las personas a las que ministraba en estas misiones evangelizadoras. Las penurias que soportó han sido utilizadas por Dios para bendecir a otros, cumpliendo así su propósito.

Con gran humildad puedo decir que estoy orgulloso de tener una hermana tan inteligente y comprometida que se deja usar por el Espíritu Santo; porque si no fuera por Él, no podría lograr tanto éxito.

Si este libro ha llegado a sus manos, será una bendición para usted. Hágalo saber a otros para que puedan recibir la victoria que necesitan. Si Él lo hizo por Lourdes, lo hará también por usted.

FELICITACIONES HERMANA Y QUE DIOS LA SIGA BENDICIENDO E INSPIRANDO A TRAVÉS DEL ESPÍRITU SANTO

– Jerónima Lewin

LAS AVENTURAS
en el Espíritu Santo

De

Lourdes Lewin

Publicado por
Eagles Word Christian Publisher LLC
Nueva York

Las Aventuras en el Espíritu Santo
ISBN: 978-1-7374692-5-4

Copyright © Abril 2022 por Lourdes Lewin
Todos los derechos reservados. Ninguna parte de este libro puede ser reproducida, escaneada o distribuida en cualquier forma impresa sin permiso.

La Mayoría de las Escrituras, están tomadas de la versión de la Biblia Reina Valera 1960, salvo que se indique lo contrario.

Impreso en los Estados Unidos de América.

Dedicatoria

A mi hermano, el pastor Mario E. Nicolás: que ha seguido los principios establecidos por nuestros padres. Ellos demostraron un amor desinteresado y un tierno cuidado por todos nosotros. Él ha hecho lo mismo con su familia, especialmente con sus hermanas. Te quiero de verdad y me siento muy bendecida por tener un hermano tan grandioso, dedicado, cariñoso y fiel como tú.

Siempre recordaré y apreciaré esos momentos en los que se levantaba temprano por la mañana y reunía a la familia para las devociones. Esos momentos eran edificantes y alentadores. Plantó la semilla de la Palabra de Dios en mí y hoy está dando frutos.

También doy gracias a Dios por su esposa Marva Nicolás que ha sido una gran inspiración. Ella siempre me ha amado y apoyado. Tengo la bendición de tener dos maravillosos sobrinos: Marlo y Mario Nicolás Jr.

Agradecimientos

Exalto al Señor de mi salvación que me ha visto en los buenos y malos momentos. Sin Él, no sé dónde estaría ahora. Él ha sido la parte más importante de mi vida; Él es mi todo en todo. Él me fortaleció cuando me sentía débil y me levantó cuando estaba triste. Me animó cuando estaba desanimada y mucho más. "*Las Aventuras en el Espíritu Santo*" es la obra del Espíritu Santo en mi vida.

Doy gracias a Dios por mi hermana Jerónima Lewin De Moulton, que siempre me ha animado a utilizar mi don de escribir. Ella leyó el primer capítulo de mi libro y estaba convencida de que tocaría muchas vidas. Encontró intrigantes los relatos descriptivos de mi viaje; la narración de cada capítulo erradicó cualquier duda sobre la autenticidad del poder de Dios. Los relatos la hicieron llorar.

Estoy agradecida a Judy Howard, editora de *Eagles Word Christian Publisher* LLC; https://eaglespublisher.com. Ella siempre será una amiga muy apreciada, que me ha animado constantemente a elevarme como un águila, a volar y alcanzar mis sueños.

Richard y Judith Manigault, Artistas Gráficos, al CEO y al Editor en Jefe de *Link2us Magazine* que me han apoyado en este viaje de muchas maneras. Les estaré siempre agradecida. Gracias Judith por ponerme en contacto con los profesionales adecuados para poder completar este proyecto.

Doy las gracias a Dios por Kae Lee, editora de textos, *U R Destined 4 Success. LLC.*

A mis pastores, el Dr. Roberto H. Robinson y la Dra. Mónica Robinson, de la *Restoration Church of Jesus Christ Apostolic International, Inc.;* que son una gran fuente de apoyo y estímulo para mí.

Gracias a la Pastora Dahlia Thomas, una querida amiga, gracias por creer que podía utilizar mi creatividad.

Un gran "reconocimiento" a mi nieta, Zakiyah Shaw, que leyó el primer borrador de mi libro y quedó profundamente impactada, expresando auténticos elogios.

¡¡¡Por último, un reconocimiento especial para el Sr. Cerus Scott Davis, gerente de *For All-That!!! Graphic Design*, un verdadero profesional. Gracias por entender mi visión y crear una portada extraordinaria para mi libro. Su trabajo dio vida a mi visión y personifica las principales creencias bíblicas de mi corazón.

Prólogo

Le doy las gracias, Padre, por esta semilla que ha sembrado en la tierra — y la ha llamado Lourdes.

Lourdes: como una semilla, ha echado raíces profundas y anchas en la tierra, tan profundas que sus raíces han tocado el agua.

Ahora es como un árbol plantado junto a los ríos de agua, que da su fruto a su debido tiempo. Sus hojas no se marchitarán y todo lo que haga prosperará. Todos los años que ha pasado atravesando lo que parecía ser un problema, echaba raíces en lo más profundo de la tierra. Ahora su copa ha brotado por encima de la tierra desarrollando tronco, hojas, ramas y está dando fruto.

Es un árbol fuerte y sólido. Las tormentas de la vida no la derribarán ni la desarraigarán, porque sus raíces son profundas y anchas. Su savia desprende un aroma que atrae a las personas y a las cosas que le convienen. Está dotada tanto de defensa como de soporte.

Dra. Catherine Jeffrey
(2014)

Prefacio

Muchos cristianos creen que es importante evangelizar a los demás—predicar el Evangelio de Jesucristo y transmitir lo que creen. Algunos misioneros cristianos, como yo, viajan a países extranjeros para evangelizar. Mis ministerios comenzaron en el metro y en los autobuses. El objetivo final de muchos que evangelizan es convertir al cristianismo a los no cristianos.

La palabra *evangelizar* viene del latín *evangelizare*, que significa "difundir o predicar el Evangelio". La raíz griega *euangelizesthai*, significa "llevar buenas noticias". Creo que simplemente significa amar a los demás lo suficiente como para compartir la buena noticia con ellos, estén donde estén. Evangelizar es esencial para la conversión de las almas.

Como evangelizador, aunque no siempre sea bien recibido por las personas a las que intenta llegar, no debe desanimarse. Si siente el testimonio interno y el impulso de ganar almas para Cristo, siga adelante y deje que ese espíritu de obediencia lo lleve a los campos de cosecha. Los que ganan almas son obreros de Dios enviados a una misión. Mientras están en esa misión, oren para que el Señor, que está a cargo de la cosecha, envíe más obreros a su campo. Según Proverbios 11:30, *El fruto del justo es árbol de vida; Y el que gana almas es sabio.*

Este libro, *Las Aventuras en el Espíritu Santo*, ofrece una imagen de cómo es este tipo de viaje y trabajo. Ilumina e informa de la realidad de servir a Cristo en los campos de misión.

Índice

Introducción i
Capítulo 1: Crecer En La Isla 1
Capítulo 2: Reconocer El Don Interior 8
Capítulo 3: Reflexiones 18
Capítulo 4: Milagro En El Avión 21
Capítulo 5: Mi Tarea En Hawái 26
Capítulo 6: Los Secretos Revelados A Través De
  Las Visiones 43
Capítulo 7: Curada Por La Fe 46
Capítulo 8: El Trance A África 48
Capítulo 9: Viaje Misionero A México 50
Capítulo 10 Los Sueños Se Hacen Realidad En
  Manhattan 59
Capítulo 11 Ministerio En El Tren Nocturno 75
Capítulo 12: Mi Camino A Europa: Países Bajos 85
Capítulo 13: El Viaje Misionero A Trinidad Y Tobago . 92
Capítulo 14: Viaje Misionero A Las Islas Vírgenes ... 94
Capítulo 15: No Hay Distancia En El Reino Del
  Espíritu 96
Capítulo 16: Viaje Misionero A Nicaragua 99
Capítulo 17: Mi Viaje Misionero A Panamá 110
Capítulo 18: El Espíritu Santo: El Mismo Ayer,
  Hoy y Siempre 113

Introducción

Las Aventuras En El Espíritu Santo es un relato íntimo de mi viaje espiritual. Las historias son relatos reales de acontecimientos aventureros y milagrosos que están escritas de forma fácil de leer. El libro revela las intervenciones divinas en mi vida. Estoy convencida de que la confianza en las señales y visiones de Dios, manifiestan milagros inesperados en la vida de las personas comunes. Creo que los lectores se sentirán intrigados por los encuentros con Dios de los que fueron testigos ejecutivos de empresas, supervisores, compañeros de trabajo, familiares e incluso pastores. Muchos de ellos están de acuerdo en que la oración, la fe y la creencia traen consigo victorias duraderas.

A medida que leo las páginas, comparto con franqueza mi inolvidable infancia a lo largo de la hermosa costa del Caribe con mis hermanos y nuestro perro guardián Pluto, así como mi batalla contra el asma. Mi historia puede ayudarlo a aprender y a reconocer los principios bíblicos, también lo ayudarán a aplicarlos para enfrentar, soportar y manejar las dificultades.

¡Disfrute el viaje conmigo! Y ruego que sea bendecido.

Capítulo 1

Crecer En La Isla

Éramos las dos últimas de siete hermanos. Mi hermana y yo nacimos a principios de los años 50, con dos años de diferencia. Nuestra familia vivía en la provincia del archipiélago de Bocas del Toro, en Panamá — una franja de agua que contiene muchas islas frente a la costa del Caribe.

La Isla Colón es la principal y es conocida por su rica fauna, flora y belleza natural, lo que la convierte en una atracción turística muy apreciada. La isla también es conocida por sus hermosas playas y aguas cristalinas. Si uno se mete en el agua hasta la cintura, puede ver una gran variedad de peces y plantas exóticas a simple vista.

Al crecer en la isla, Jerónima (mi hermana menor) y yo hacíamos todo juntas. La mayoría de la gente pensaba que éramos gemelas, por la proximidad de nuestra edad. Nos divertíamos mucho con nuestro perro de color negro azabache llamado Pluto (nunca supe la raza de perro que era; simplemente nos alegrábamos de tenerlo), pero según recuerdo, a Pluto le encantaba nadar con nosotras y nos aportaba alegría, amistad y protección.

Recuerdo a un indígena que pasaba por nuestra casa todos los días y cada vez que pasaba, Pluto ladraba y embestía contra él, cada vez rasgando su camisa, pero el hombre nunca cambiaba su ruta. Supongo que le gustaba la aventura. Cuando era una niña que crecía a principios de los años 60, la vida era despreocupada. Tenía fama de ser traviesa y amante de la diversión, ya que corría por la orilla del mar con mis amigos y hermanos.

Mi Hermana, Pluto y Yo

Con frecuencia mi madre me enviaba a hacer recados a la tienda. Como una sombra, mi hermana pequeña me acompañaba, así como nuestro perro. Mamá (Lorline) nos decía que no lleváramos a Pluto, pero, como suelen hacer los niños, desobedecíamos y lo llevábamos de todos modos. Queríamos bañarlo, así que lo llevábamos al muelle donde, para divertirse, mi hermana lo tiraba al mar. Un día en particular, al empujarlo, se cayó justo detrás de él. Estaba empapada y le preocupaba qué hacer, pero le aseguré que yo me encargaría de la situación subiendo la compra a mamá, mientras ella se ponía al sol en la parte de atrás para secarse. ¡Qué divertido! Las inocentes travesuras de los niños.

El Ataque de Asma

A nuestra madre le encantaba vestirnos igual. Nos quería a los siete, pero nos prestaba más atención a nosotras dos porque éramos las más pequeñas. Nuestros otros hermanos eran mayores y estaban en la universidad. Al haber sido una bebé prematura, yo necesitaba un poco más de atención porque había desarrollado asma. Recuerdo un incidente específico en el que tuve un grave ataque de asma. Como se trataba de un asunto de vida o muerte, mis padres, alarmados y presas del pánico, me trasladaron en barco en una noche fría y con brisa a una isla lejana donde recibiría un mejor tratamiento. La ansiedad, la tensión y el miedo a perderme eran grandes; nunca olvidaré las palabras de mi madre a papá: "¡George, creo que esta vez la hemos perdido!", exclamó. "Sus pupilas han retrocedido; ¡sólo se ve el blanco de sus ojos!". Aunque yo era muy joven, (probablemente no llegaba a los seis o siete años), en mi mente pensaba: "Si ella siente que me pierde esta vez, significa que no era la primera vez que estaba cerca de la muerte". Mi asma acabaría cesando gracias a su sabiduría, su amor y sus cuidados. A menudo utilizaba hierbas para mantenernos bien. Daba crédito a Dios por sus conocimientos únicos y frecuentemente la escuchaba gritar ¡¡¡Aleluya!!!

Ser la herbolaria de la isla no era su único don compartido. Lorline era una popular cantante de contralto y organista. Demostró su talento enseñando música y cantando en el coro de la iglesia de su padre. Sus dones eran algo que el mundo debería haber conocido. Mi madre también era costurera y, como tal, confeccionaba nuestra ropa y otros artículos, como manteles bellamente bordados. Algunos de estos artículos han quedado como reliquias familiares. Mi hermana heredó su talento creativo para trabajar con las manos. Mi madre era increíble.

Las Dificultades de Mamá

Aunque, la infancia no estuvo exenta de dificultades. Con el paso del tiempo, tuvimos que dejar a regañadientes nuestra hermosa isla para ir a vivir con el abuelo debido a la discapacidad de mamá, provocada por los abusos domésticos. Mi hermana pequeña y yo nos adaptamos al nuevo entorno y establecimos nuevas amistades. Todo el mundo conocía a mi abuelo y a mi madre. Así que fue algo fácil.

Atrapar Langostas

Nos consideraban pobres. Sin embargo, a pesar de nuestra falta de recursos, no nos afectó negativamente.

Creíamos que nuestro padre era un buen proveedor para la casa. Disfrutamos de una gran infancia a pesar de las decepciones posteriores. Cuando observo a la generación actual, a menudo pienso que tienen menos variedad de cosas divertidas que hacer. Las tendencias modernas hacen que estén absorbidos por los juegos electrónicos, los teléfonos móviles e Internet y, la diversión a la antigua se puede perder. Nada puede igualar la alegría de nadar libremente o de trepar a los árboles frutales y, por supuesto, pescar langostas con jabón.

Mi hermana y yo, también tuvimos la suerte de disfrutar de pequeños placeres, como ir al río a lavar la ropa y a nadar. Como vivíamos en una comunidad rural, no teníamos agua corriente ni electricidad en casa, así que utilizábamos lámparas de querosén. Ir al río a lavar era cómodo porque lavábamos, enjuagábamos y colgábamos la ropa en la hierba o en las ramas de los árboles para que se secara. Mientras esperábamos, nos divertíamos nadando en el río, jugando en los arroyos y trepando los árboles en busca de fruta para comer. También utilizábamos grandes rocas para hacer una hoguera, cuyo objetivo era asar las langostas (similares a los camarones) que pescábamos en el arroyo.

Para atrapar las langostas colocábamos jabón dentro de una calabaza—una gran calabaza de madera de un árbol tropical americano que puede servir como recipiente de agua. Teníamos una media calabaza que utilizábamos para agarrar agua o incluso para beber líquidos. Mientras esperábamos a que las langostas bajaran por el arroyo, poníamos un trozo de jabón en la calabaza, la colocábamos en el fondo del arroyo y manteníamos los pies en el agua para no asustar a las criaturitas. ¡También en el arroyo había grupos de peces que mordisqueaban nuestros pies y nos hacían la mejor pedicura!

El Desafío

De pequeña me encantaba el agua, nadaba y buceaba como un pez. Íbamos a la playa todos los días a bañarnos y a recoger conchas marinas y a divertirnos. Un día en particular, al mirar el mar, vi un círculo azul claro y cristalino que despertó mi curiosidad. Llamaba la atención porque el resto del agua era más oscura. Estaba lejos de la orilla y de los muelles, más o menos lo largo de una manzana.

Mis amigos me retaron; me desafiaron a salir allí y al principio no creyeron que lo hiciera. Sin embargo, para su gran sorpresa, decidí aceptar el reto. Hay que saber que en aquel momento tenía entre nueve y diez años. ¿Puede imaginarse la hazaña de valor que iba a realizar? Mientras nadaba hacia la mancha azul profunda, me sorprendió un gran banco de barracudas y peces sierra agrupados por edades. Los jóvenes no parecían peligrosos, pero los adultos tenían unos largos hocicos llamados Rostrum, que parecían sierras de cadena. ¿Qué hice, se preguntará? Di la vuelta más rápida que usted pueda imaginar y nadé, me sumergí tan rápido como pude hasta llegar a la orilla, animada por mis amigos.

¡Estaba muy contenta de haber vuelto sana y salva! Mamá, que estaba en casa, no tenía ni idea de lo intrépida que era yo. Gracias a Dios, mi hermana pequeña, dos años menor y buena espectadora, mantuvo la boca cerrada. "Mamá" fue la palabra.

¡¡Atrapar El Corcho!!

Incluso entonces, me doy cuenta de que Dios nos guardó y protegió de todos los peligros vistos y no vistos; ¡Él me asombra! Sin Él, no sé dónde estaría hoy. Esto me trae a la mente otra historia.

Siempre sentí una gran responsabilidad y obligación de cuidar a mi madre, a mi abuelo y a mi hermana pequeña. Todos estos acontecimientos tuvieron lugar cuando yo tenía entre nueve y doce años de edad. Mi madre siempre me decía que era responsable porque siempre estaba pescando y buscando comida extra para cocinar para los cuatro. A menudo, iba a la otra isla a comprar alimentos en el único medio de transporte disponible—un bote. No tenía motor, sólo un remo con el que navegar por olas gigantescas en un vasto lecho de agua—sin tierra a la vista. A veces se tardaba unas dos horas.

La ruta hacia la otra isla cruzaba un canal en el que se unían los océanos Atlántico y Pacífico, por el que transitaban grandes barcos. En una ocasión, recuerdo que cada vez que pasaba una pequeña lancha, creaba grandes olas que hacían que nuestro bote subiera y bajara. ¡De repente, el corcho que estaba en el fondo del bote saltó y el agua empezó a brotar al aire como un géiser! El bote empezó a llenarse rápidamente. El hombre que navegaba nuestro pequeño bote siguió remando para mantener el control y gritó: "¡¡Atrapa el corcho!!" Podía ver que estaba asustado; y aunque no sentía miedo, no podía atrapar el corcho porque si me ponía de pie el bote volcaría. Puse el pie en el agujero y ¡el corcho cayó en el bote! Después de asegurarlo en su sitio, empecé a achicar el exceso de agua.

Mientras continuábamos nuestro viaje, pude experimentar la obra de Dios; ¡la profundidad del océano era impresionante! Parecía no tener fondo. Admiré las dimensiones y la cascada de colores desde la superficie del agua hasta las profundidades. ¡Sólo Dios! No hay otro Dios aparte de Él.

Isaías 40:12 dice, *"¿Quién midió las aguas con el hueco de su mano y los cielos con su palmo, con tres dedos juntó el polvo de la tierra y pesó los montes con balanza y con pesas los collados?"* Esa escritura también dice; *¿A quién, pues, vais a comparar a Dios? ¿O a qué semejanza lo compararéis?* ¿Mi respuesta? A ningún otro Dios.

Capítulo 2

Reconocer El Don Interior

Nacer Con Los Dones

Cuando era joven y vivía en Isla Colón, solía imaginar que las cosas sucedían antes de que ocurrieran realmente. Si compartía esos sueños o visiones con otras personas, sentía que nadie lo entendería, porque muy a menudo me etiquetarían, sobre todo los adultos. Esto era siempre doloroso. Quería agradarles y que me aceptaran, no que me llamaran la atención. Cuando crecí y me convertí en cristiana, esta "visión" me serviría en el ministerio. Ser "llamada a filas" como cristiana es de esperar. Llegaría a aprender que tener visiones es un don divino, pero ese conocimiento sólo llegó después de muchos años. Mientras tanto, de niña, ser propensa a las visiones no era una experiencia favorable para alguien que trataba de encajar con sus compañeros.

Un día, mientras jugaba en la plaza con mis vecinos y nos divertíamos con nuestras muñecas y el juego de cocina, empezó a llover. La lluvia caribeña es como un cielo abierto con fuertes chaparrones. Todos corrimos al patio y nos bañamos bajo la lluvia. Mientras estábamos sentadas en la plaza secándonos, tuve una visión abierta. Había una señora que caminaba rápidamente entre la hierba alta por una pequeña pasarela. Mientras caminaba, tuve una visión de ella cayendo de espaldas. Su paraguas se abrió de par en par y aterrizó sobre su pecho en posición vertical, (lo que me pareció gracioso). Me volví hacia mi amigo y le dije: "esa señora va a caer de espaldas con el paraguas en el pecho", ¡y así fue! Ese fue mi primer recuerdo claro de haber tenido una visión de sucesos futuros.

Medianoche en la Isla Bastimentos

Tres meses después de mi cumpleaños, que celebré en febrero, recuerdo que me senté a la mesa después de cenar con mi madre y mi hermana pequeña. Estábamos conversando sobre diferentes cosas y le hice una pregunta a mi madre que provocó que me preguntara "¿Por qué?". Le pregunté qué nos pasaría si ella muriera. En ese momento, ella tenía una parálisis lateral debido a un grave traumatismo craneoencefálico que había sufrido y sólo podía utilizar una mano. Mi respuesta al porqué fue: "porque ahora somos niñas de 11 y 13 años con una madre enferma". Entonces, le dije que quería saber, pero ella me contestó: "no me preguntes eso".

Empezaba a tener sueño, por lo que le pedí a mi madre que me tocara con su bastón para despertarme, cuando se dispusiera a retirarse por la noche. Entonces me fui a una habitación para acostarme. Lo que ocurrió a continuación fue desconcertante. Estaba profundamente dormida y tuve una visión. En ella, imaginé a mi madre acercándose a la puerta. Levantó su bastón para despertarme, pero en lugar de eso, se cayó; y el sonido de su caída me despertó. La vi claramente, aunque estaba profundamente dormida. Era otra visión. Esta vez me asustó.

Esa tarde conté a los vecinos lo que había visto en el sueño y me llamaron bruja. Una señora me llamó demonio y otros nombres despectivos. No entendí su reacción. Nunca se habían referido a mí con esos nombres. Su ignorancia de las cosas sobrenaturales de

Dios les impidió comprender lo que estaba ocurriendo y de la misma manera, yo también.

Esa misma noche, cerca de la medianoche, mi madre intentó despertarme, pero desgraciadamente, la visión se haría realidad. Fue una noche inolvidable en la Isla Bastimentos. No hay oscuridad como la de la medianoche en la Isla Bastimentos. Mirando hacia afuera, desde esa habitación, no había luces de la calle. Era una oscuridad total. Grité con fuerza. Mi voz agónica y fuerte despertó a los vecinos. Se encendieron lámparas de querosén. Los amigos y vecinos se apresuraron a llegar a nuestra puerta. Gritaron: "¿Qué pasa Lourdes?" "¿Qué pasa? ¿Tu madre está bien?" "¡No! Se ha caído. No puedo levantarla del suelo. Tiene frío". Sabía que nos había dejado. Me dolía mucho el corazón.

Había personal de primeros auxilios en la isla, pero estaban muy lejos, sobre una colina. La prima Lin, mi hermana y yo (Lin era mayor y podía correr rápido) nos reunimos con los socorristas y nos fuimos con ellos. Sin embargo, cuando llegaron, mi madre fue declarada muerta. Todos estábamos devastados. Descansa en Paz Mamá.

Mucho más tarde en el ministerio, llegaría a entender más sobre los sueños, las visiones y los dones del Espíritu Santo como:

La Palabra de Sabiduría: que trae revelación sobre cosas pasadas o presentes.

La Palabra de Sabiduría: que trae revelación apuntando al futuro, incluyendo el plan y propósito de Dios; y por supuesto,

Las visiones: que son instrumentos de comunicación divina de Dios.

Cuando mi madre falleció, mi tía nos llevó a vivir con ella a otra provincia. Tuvimos que dejar todas las "cosas de niños" (es decir, la diversión). Experimenté una vida de pruebas y fracasos que casi me pusieron al límite tanto mental como emocionalmente.

Crecí con mi tía, me casé a los 21 años y tuve mi primogénita, una hija. Trabajé en la provincia durante unos años como asistente forense. Más tarde, fui contratada por una prestigiosa empresa como secretaria durante un año y luego emigré a Estados Unidos a finales de los 70. Con el paso del tiempo, di a luz a dos hijos más.

Pronto acepté a Jesucristo como mi Señor y Salvador, como resultado de esos tiempos difíciles. Nací de nuevo y desde entonces he experimentado Las Aventuras En El Espíritu Santo.

La Bola De Discoteca: Cómo Me Atrajo

Ya era mayor y, con el tiempo, hubo un notable vacío en mi vida. Extrañaba mucho a mi mamá. Empecé a buscar el amor en todos los lugares equivocados. Me sentía infeliz, sola y confundida. Para llenar ese vacío, empecé a "divertirme". Más tarde me di cuenta de que sólo había una persona que podía satisfacer ese anhelo y esa persona era JESÚS.

Frecuentaba discotecas para ir de fiesta. Pensaba que la música alta y las multitudes saciarían la nostalgia y el vacío que sentía, pero todo me atravesaba como un torbellino.

Un fin de semana fui a una fiesta — me encantaba bailar. No participaba en la bebida ni en otras cosas que la gente hace en las discotecas. Esa noche me sentía extremadamente sola y triste, así que pensé que me sentiría feliz si me divertía un poco, pero para mi sorpresa, me sentí fuera de lugar y no me levanté a bailar como solía hacer; en vez de eso, empecé a mirar a todo el mundo que bailaba bajo las coloridas luces parpadeantes de la bola de discoteca y descubrí que todos parecían marionetas moviéndose a un ritmo rápido.

Empecé a pensar que parecían tontos y me pregunté por qué estaba en ese lugar. En ese momento empecé a sentirme incómoda y estaba dispuesta a marcharme. Los "amigos" con los que estaba empezaron a decirme que estaba siendo una aguafiestas, porque sabían que me encantaba bailar, pero no esa noche.

Salí de la discoteca más deprimida, pero el desarrollo del plan de Dios para mi vida estaba cerca; esa fue la noche en la que Dios me atrajo a su lado. No importaba que acabara de llegar a la fiesta, no podía quedarme.

Despertarme cada día me parecía un disco rayado o una puerta giratoria. Estaba deprimida: tenía sentimientos persistentes de tristeza y pérdida de interés por las actividades normales. En cuanto mis pies tocaban el suelo, la abrumadora tristeza y los sentimientos de soledad envolvían todo mi ser.

En una de esas mañanas, sintiéndome desesperada. Grité con desesperación señalando con mi dedo índice hacia el techo y hacia el cielo y pronuncié estas palabras: "¡Estoy cansada de sentirme triste y sola! Si hay un Dios, ¡por favor ayúdeme!" En ese momento ocurrió algo. Me sentí como si estuviera suspendida en el tiempo y recé diciendo: "Señor, necesito encontrar una iglesia".

Tomé una ducha y salí a pasear. Me intrigó el entorno porque me había mudado recientemente al vecindario, así que seguí caminando y vi una iglesia metodista. Entré y más tarde decidí asistir a sus servicios dominicales. Las lecciones que aprendí allí me acompañarían en mi vida de joven adulta y muchas de ellas se las enseñaría a mis hijos.

Visita A La Iglesia Del Evangelio Pleno

Después de asistir a esa iglesia durante un tiempo, me invitaron a una Iglesia del Evangelio Pleno. El coro cantó la inolvidable canción titulada "God Cares for You" que en español quiere decir Dios Se Preocupa Por Ti y esta canción tocó cada fibra de mi ser. Lloré incontrolablemente durante la interpretación y poco después sentí una dulce y tranquila paz en todo mi cuerpo. Me invadió un sentimiento de profunda alegría y me encontré sonriendo.

Ahora al mirar atrás, me doy cuenta de que me estaba liberando de todas mis cargas y problemas. La pesadez que experimentaba fue eliminada sobrenaturalmente y ya no era la misma por dentro. Comencé a estudiar la Biblia comenzando por los libros de Isaías y el 1º y 2º de Samuel. Estos se convirtieron en mis nuevos libros favoritos.

Un domingo por la mañana, durante el servicio, sentí la necesidad de orar y fui al altar. Mientras rezaba, me oía murmurar lo que parecía un idioma extranjero. Fluyó con naturalidad. Grité repetidamente "aleluya" y todo mi cuerpo se estremeció al unísono. Cuando me levanté para salir, me sentí cohibida y me pregunté si alguien cercano me había oído y me sentí un poco incómoda, si no temerosa. No comprendí del todo esta maravillosa experiencia, así que me la guardé para mí misma hasta que más tarde aprendí sobre el Espíritu Santo y el hablar en lenguas como se menciona en el Libro de los Hechos.

No mucho después de esta experiencia, tuve otro encuentro con el Espíritu Santo. Era un domingo por la mañana y muy pocas personas asistían a esa clase matutina en particular. A medida que avanzaba la lección, me pareció oír a alguien decir: "lee Jeremías Uno". Miré detrás de mí para ver quién hablaba y no vi a nadie. El profesor de la escuela dominical siguió con la lección y volví a oír la misma voz, así que la ignoré tranquilamente hasta que la volví a oír por tercera vez. Finalmente me llamó la atención e inmediatamente después de que la clase terminara fui a la sala del coro y saqué mi Biblia. Encontré el libro de Jeremías y leí el primer capítulo. Los primeros cinco versículos saltaron de las páginas a mi alma y me quedé leyendo y releyendo.

Las palabras de Jeremías hijo de Hilcías, de los sacerdotes que estuvieron en Anatot, en tierra de Benjamín. Palabra de Dios que le vino en los días de Josías hijo de Amón, rey de Judá, en el año decimotercero de su reinado.

Le vino también en días de Joacim hijo de Josías, rey de Judá, hasta el fin del año undécimo de Sedequías hijo de Josías, rey de Judá, hasta la cautividad de Jerusalén en el mes quinto. Vino, pues, la palabra de Dios a mí, diciendo,

Antes que te formase en el vientre te conocí y antes que nacieses te santifiqué, te di por profeta a las naciones. Jeremías. 1:1-5

¡Fue algo emocionante! Me di cuenta de que era un encargo de Dios para mí. Estos son algunos versículos seleccionados; te invito a leer el capítulo completo.

Mi Primera Experiencia Con La Profecía

Mi primera experiencia con la profecía fue en una reunión de oración nocturna que se celebró un viernes. Cuando el servicio estaba llegando a su fin, sentí que el poder del Espíritu Santo me impulsaba a hablar. El Espíritu reveló este mensaje: *"Lo enviaré a las tierras áridas para que derrames mi Espíritu sobre ellas, como el árbol plantado junto a los ríos de aguas vivas cuyas hojas no se marchitan. Lucharán contra usted, pero no tendrán éxito porque yo estaré allí para defenderle"*. Era tan real. Estaba en el suelo de espaldas, declarando una profecía tras otra. Cuando todo terminó, nos despedimos y nos fuimos a nuestras casas por separado.

A continuación, el domingo, mientras el coro subía por el pasillo, una joven que había asistido a la oración de toda la noche y había escuchado la profecía, me entregó un ejemplar del boletín del domingo con emoción en los ojos. Lo puse en mi Biblia. Cuando llegué a mi asiento en la tribuna del coro, coloqué mi Biblia debajo del asiento, olvidando revisar el boletín. Cuando llegó el momento de los anuncios, saqué el boletín y ¡¡¡OH!!! Me quedé asombrada. ¿Adivine qué? El diseño de la portada del boletín reflejaba la profecía que se había dado en la reunión de oración.

La ilustración era de una tierra desértica agrietada y seca y en ella estaba escrita la palabra "Alma". Había un río fluyendo a través de la tierra y sobre el agua estaba escrita "la Palabra de Dios". Junto al río había un árbol verde y fructífero. Todos nos quedamos asombrados de la grandeza de Dios. Esta era la razón por la que la joven estaba tan emocionada, porque sabía que era Dios manifestándose de manera poderosa. Nota especial: La reunión de oración tuvo lugar en la casa de un intercesor; el pastor no estaba presente y la iglesia suele preparar sus boletines a principios de la semana para tenerlos listos para el domingo.

Dos años después fui a Jamaica en un viaje misionero con uno de los intercesores que había emigrado de allí y el poder del Señor se manifestó aún más. Fuimos a un parque en el centro de Jamaica donde comenzamos a ministrar, distribuyendo tratados y biblias. Algunas personas empezaron un disturbio. Alguien nos acusó de ser demonios y esto nos hizo creer que era una persona con problemas mentales. Se reunió una gran multitud y la gente salió a agredirnos con palos, piedras y otras armas. Yo era una cristiana nueva, que recién se familiarizaba con las cosas de Dios, por lo tanto, lo único que sabía decir era "¡La Sangre de Jesús y Aleluya!" y estas eran mis dos armas.

Hubo un estruendo de la gente que se acercaba a nosotros en el parque. Cerré los ojos porque no quería ver cuándo iban a levantar sus armas para hacerme daño. Nos tomamos de las manos y rezamos en voz alta diciendo: "¡Jesús, Jesús!" y "¡Aleluya!". Lo siguiente que recuerdo es que el estruendo cesó, la gente se dispersó y salimos ilesos. Cuando volvimos a la casa donde nos alojábamos, el Señor me dijo: "la profecía se ha cumplido". Le pregunté: "Señor, ¿qué profecía?". Me recordó que en 1985 me aseguró que lucharían contra mí, pero que no tendrían éxito. ¡Esto también está en el primer capítulo de Jeremías, que Él me habló audiblemente cuando me dijo que leyera Jeremías 1!

¡Qué Dios tan asombroso es al que servimos!

Ministrando a los niños en Jamaica

Capítulo 3

Reflexiones

El Espíritu Santo Se Manifiesta

Estaba preparando mi cena en la cocina, cuando el Señor me recordó un milagro que había tenido lugar en uno de los hospitales locales de Jamaica, en las Antillas. Antes de contar la historia, me gustaría explicar cómo Dios y sus ángeles se mueven ante la declaración de su Palabra. No siempre es en las largas oraciones que Él responde o manifiesta Su poder, sino en la declaración y el decreto. A veces, queremos sentir el testimonio de Su presencia y si no sentimos o más bien percibimos Su presencia, pensamos que Él no está involucrado. Por el contrario, dondequiera que estemos, el Espíritu Santo está y está listo para manifestarse en la situación. *"Determinarás asimismo una cosa, y te será firme. Y sobre tus caminos resplandecerá luz". Job 22:28.*

Milagro En El Hospital

Una Sencilla Oración de Declaración

Estaba de visita en Jamaica, en las Indias Occidentales, en un viaje misionero para distribuir juguetes y ropa a personas necesitadas. Mientras estábamos allí, decidimos visitar a la madre de mi amigo que estaba hospitalizada para ese momento.

Mientras la visitábamos, el pastor con el que estaba asociada me mandó a llamar para que visitara a otra paciente que estaba en otra habitación al final del pasillo. Cuando llegué a su habitación, me pidieron que rezara por ella. Éramos unos cinco, además de la paciente, en la habitación, un total de seis personas y estábamos de acuerdo. Antes de rezar, le pregunté cuál era su petición y me explicó que al día siguiente la iban a operar. Los doctores le dijeron que no volvería a caminar. Le iban a amputar las dos piernas debido a un diagnóstico médico. Esto era inimaginable y ciertamente muy difícil de escuchar.

Nos tomamos de las manos alrededor de su cama y el pastor me pidió que rezara. Voy a ser honesta; ¡me sentí seca, seca, seca! No había unción para orar por esta mujer desesperada, pero confié en el Dios de mi salvación. Me tomé de las manos con las hermanas y puse mi otra mano encima de la sábana que cubría todo su cuerpo. Procedí a rezar una sencilla oración de declaración. "¡Declaro que esta señora sea sanada, en el nombre de Jesús!". Después de orar, bajo la unción del Espíritu Santo, le dije que definitivamente volvería a usar sus zapatos y que volvería a caminar. Y salí de la habitación.

Al día siguiente, volvimos a visitar a la madre de mi amigo y mientras caminábamos por los pasillos, pasamos por la habitación de la otra paciente por la que habíamos rezado el día anterior. Observamos que la cama estaba hecha, la ventana abierta y una brisa refrescante movía la cortina. No tuvimos tiempo de pensar en lo sucedido.

Seguimos caminando por el pasillo, cuando una enfermera se precipitó hacia nosotros con un mensaje. Informó de que la paciente quería que yo supiera que en el momento en que puse mi mano sobre sus piernas, encima de la sábana, sintió que el fuego subía desde las piernas hasta el cuello y que a la mañana siguiente, tras ser examinada de nuevo, recibió el alta, se levantó de la cama y salió del hospital con los zapatos puestos. Como mínimo, los doctores estaban asombrados por este milagro. Por eso no la vimos en su habitación cuando pasamos por allí. No fue necesaria ninguna amputación. ¡Dios hizo un milagro! Todo lo que hice fue declarar Su Palabra y todos estuvimos de acuerdo en la oración. La oración ferviente y eficaz de los justos sirve de mucho. ¡Gloria a Dios!

Capítulo 4

Milagro En El Avión

Dios Resucitó A Los Muertos

Al llegar al aeropuerto, la vi; una mujer bien vestida y atractiva, que me resultaba algo familiar. Me llamó la atención y parecía estar en todas partes cada vez que levantaba la vista. Por fin subimos al avión de vuelta a Nueva York; era un vuelo que no estaba lleno por completo. Tomé mi asiento en el avión junto a la ventana y para mi sorpresa, su asiento estaba en mi fila.

No la conocía personalmente, pero recordaba haber crecido en la provincia donde vivía su familia, así que empecé a hablar con ella y le pregunté por antiguos compañeros de clase. Ella respondió con información sobre ellos.

Huir Del Ángel De La Muerte

Mientras hablábamos, le pregunté por su viaje y me contó que su viaje no había sido agradable. La muerte parecía estar arrebatándoles a los miembros de su familia, tenían poco más de 30 años y había habido varias muertes en la familia en un corto período de tiempo. En esta ocasión, había viajado para asistir a un funeral y al día siguiente, cuando se dirigía al aeropuerto para volar de vuelta a Nueva York, tuvo que dar la vuelta porque había fallecido otro miembro de la familia y tuvo que quedarse para asistir a otro funeral— ¡qué miedo!

Esto fue devastador y me sentí impresionada al decirle que era un ángel de la muerte que corría por su familia arrebatando a todos los miembros jóvenes de la misma y que tenía que tener cuidado de no ser la próxima víctima. También le pregunté por su fe, porque necesitaba conectarse con el Señor. Dijo que era creyente, así que oré con ella y reprendí al ángel de la muerte. Intercambiamos información de contacto y continuamos nuestro viaje. En todo esto, sentí que el Señor sería magnificado.

La Siguiente Fase Es Asombrosa

Originalmente, cuando había subido al avión, después de acomodarme, miré a mí alrededor para ver quién estaba detrás de mí. En la sección donde estábamos sentadas había unas cuatro personas. Justo detrás de nosotras había un estudiante de medicina con un estetoscopio alrededor del cuello; delante de nosotras había una persona y a nuestra izquierda, otra; y nosotras estábamos sentados en el lado derecho del avión. En toda esta sección sólo éramos cinco personas. Me relajé y me dispuse a disfrutar del vuelo.

Justo después del despegue, tomé un aperitivo y encendí la televisión. Ahora, para ser más específicos, la señora estaba sentada en el asiento del pasillo de nuestra fila. Yo estaba en el asiento de la ventana y no había nadie entre nosotras. Estuve un rato mirando por la ventana, pero pronto me quedé dormida. De alguna manera, sentí un impulso de mirar a mí alrededor; sin embargo, pronto me volví a quedar dormida. Había una canción en mi corazón, así que, con los ojos cerrados, empecé a tararearla. Empecé a sentir que el volumen de la canción aumentaba dentro de mí y me di cuenta de que Dios estaba tratando de llamar mi atención. Abrí los ojos y por casualidad miré a mí alrededor y para mi sorpresa parecía que la señora estaba extendiendo su brazo hacia mí.

Parecía que llevaba tiempo intentando llamar mi atención, pero como estábamos sentadas a una distancia tan grande, no podía tocarme. Supongo que no tenía fuerzas para levantarse de su asiento y despertarme.

Sin dudarlo, alcancé y tomé su mano y exclamé "¡VAYA!". Su mano estaba fría como el hielo. Me dijo que se estaba viendo a sí misma atravesando un túnel oscuro; y luego se desvaneció de nuevo. Esto me confirmó que había estado luchando durante algún tiempo antes de que yo me diera cuenta.

La señora se desmayó. No grité ni hice una escena, pero pedí urgentemente que alguien pidiera ayuda. La azafata se apresuró hacia nosotras y preguntó si había algún doctor en el avión. Nadie se presentó. Le pidieron al estudiante de medicina que estaba sentado detrás de nosotros que le tomara los signos vitales. La señora no tenía pulso, pero él siguió comprobando. Sin embargo, no había señales de vida. Entonces levantamos todas las asas de los asientos vacíos que había entre nosotros y la estiramos. Pero no había señales de vida. Finalmente, trajeron mantas grises y la cubrieron. Estaba tan fría como un bloque de hielo. Yo seguía sentada cerca de la señora, sin saber qué hacer. Todos estábamos muy perturbados. Escuché las instrucciones de Dios.

La Instrucción Que Me Dio Dios

Me dijo: *"No te apartes de ella"*. La acostaron con la cabeza hacia la ventana y las piernas hacia el pasillo. Me puse en el pasillo a sus pies y comencé a rezar hasta que descendimos en Nueva York. Se había desmayado un poco después de que despegáramos y nuestro vuelo duró más de cuatro horas, así que puede imaginarse.

En mi mente sabía que estaba muerta y todos los que estaban a su alrededor también lo sabían. La azafata comenzó a interrogarme acusadoramente, preguntándome qué le había hecho. Antes de su episodio me había dicho que, si le ocurría algo, me sintiera libre de mirar en su cartera, porque toda su información estaba allí. Sin embargo, no necesité hacerlo.

Cuando la azafata me acusó aún más, surgió en mí una justa indignación y comencé a hacerles saber, mientras me rodeaban, que la vida es corta y que si no conocían a Jesús como Señor y Salvador, este era el momento de hacerlo y de recomponer su vida; fui intensa con mi discurso. Ellos escucharon y se alejaron dejándome sola. Al pensarlo, no sé si había agentes federales en el avión o por qué actuaron como si yo fuera una sospechosa.

Hice lo que el Señor me ordenó hacer; me quedé a sus pies y oré con ella durante todo el vuelo y justo antes de aterrizar, se movió y abrió los ojos. La sentamos y, por supuesto, llegó la azafata con un jugo para ella. Le hicieron algunas preguntas médicas como: "¿tiene usted diabetes, hipertensión o enfermedades del corazón?" a lo que ella respondió "No". Ella se hizo un examen físico completo antes de su viaje a Panamá y tenía un buen estado de salud. ¡¡¡Sólo Dios!!! Luego le informaron que habían solicitado una silla de ruedas para bajarla del avión y acompañarla a una ambulancia que estaba esperando su llegada.

Su Respuesta

"¡¡¡No!!! ¡¡No voy a usar ninguna silla de ruedas ni estar en una ambulancia, porque estaba muerta y ahora estoy viva!!! Saldré de este avión como entré". Dio las gracias a Dios por haberme enviado como un ángel para estar con ella en su momento de necesidad y nos fuimos por caminos distintos.

Más tarde, ella llamaría a todos los miembros de su familia de cerca y de lejos—a Londres y por el resto de Europa, para compartir su experiencia milagrosa. Era el día de Acción de Gracias, así que se reunió con todos sus familiares y parientes cercanos para festejar. Me sentí honrada de que me invitara a asistir también, porque mi presencia allí respaldaría su historia. También añadí que Dios es el único que recibe **toda** la gloria por lo que hizo en su vida. Estoy agradecida. Dios es impresionante, asombroso y fiel. Las palabras no son adecuadas para DESCRIBIRLO. ¡Amén!

Capítulo 5

Mi Tarea En Hawái

En este encuentro, Dios me demostró que deseaba bendecir a su pueblo. Cuando pensamos que Él no escucha nuestro más débil clamor, nuestra íntima petición, Él de hecho los escucha y actúa sobre ellos. Me recordaron estas palabras.

Así dice el SEÑOR a su ungido, a Ciro, cuya diestra he tomado para someter a las naciones delante de él; y desataré los lomos de los reyes, para abrir delante de él las puertas de dos hojas, y las puertas no se cerrarán;

Iré delante de usted y enderezaré los lugares torcidos; romperé las puertas de bronce y partiré las barras de hierro: Y le daré los tesoros de las tinieblas y las riquezas ocultas de los lugares secretos, para que sepa que yo, el SEÑOR, que llamo por su nombre, soy el Dios de Israel.

Él también dijo que nos dará los deseos de nuestro corazón:

Salmo 37:4 - Deléitate asimismo en el SEÑOR, Y él te concederá las peticiones de tu corazón.

Yo Tenía Un Plan

Podemos planear, pero Dios determina nuestros pasos. *Proverbios 16:9 — El corazón del hombre piensa su camino; Mas el Señor endereza sus pasos.* Mi deseo siempre había sido ir a Hawái y hacer un crucero. En el año 2002, cuando mi iglesia patrocinó un crucero a Hawái, pensé que era la combinación perfecta—justo en mi "callejón" de deseos. Trescientos cincuenta miembros planearon el viaje, que esperábamos que fuera la mayor aventura de nuestras vidas.

Cada Pequeño Detalle Es Importante

Empecé a preparar mi equipaje — separando los documentos importantes que necesitaría para la aduana. Tuve que tomar una foto de mi pasaporte para el organizador del viaje y separar mi Green Card del pasaporte y la guardé de forma segura en un cajón del escritorio. A la mañana siguiente, con las prisas por prepararme para el viaje, olvidé sacar la Green Card del cajón (en el que la había guardado). Salí de casa de camino al aeropuerto sin ser consciente de este hecho.

Subimos al avión desde el JFK a Salt Lake City. El vuelo fue excelente, excepto en el momento en que tuvimos que llenar los formularios de aduana. Me di cuenta entonces de que no tenía la Green Card y me puse muy nerviosa. Comuniqué la situación al ministro encargado, quien me aseguró que estaba bien, que no había problema, que no había nada que temer.

Hay Un Propósito En La Decepción

Llegamos al aeropuerto de Salt Lake City para abordar un avión más grande con destino a Honolulu. Tardamos varios minutos en despegar porque el avión era demasiado pesado. La tripulación necesitaba vaciar el combustible para hacerlo más ligero. Mientras esperábamos pacientemente, intentaron despegar unas cuatro veces. Finalmente, despegó, aún sintiéndose muy pesado. Durante el vuelo, el avión se sacudía violentamente haciendo un ruido muy fuerte. Me asusté mucho porque parecía que iba a partirse por la mitad. Empecé a mirar a mí alrededor para ver las reacciones de los demás pasajeros. Se sentaron como soldados, sin miedo. El Señor me habló audiblemente y me dijo: "Si no confías en mí ahora, ¿cuándo vas a confiar en mí?" Respondí: "Señor, estoy en sus manos". En ese momento miré por la ventana y contemplé las hermosas aguas azules de abajo. Supe que había llegado a descansar en el Señor.

Llegada a Honolulu

Había más de 350 personas a bordo del avión y nos pusimos en fila en el andén. ¡Qué momento tan emocionante en una hermosa tarde de domingo en Honolulu! Estaba tan feliz de que mi sueño se hiciera realidad. De repente, ese sueño se hizo añicos. ¿Por qué? Bueno, ¿recuerda la Green Card que dejé en casa? La había necesitado para subir al barco porque íbamos a navegar por aguas extranjeras. La policía costera revisaba el barco en busca de documentos. Aunque tenía mi pasaporte, no era suficiente, porque no tenía el visado estampado en él. Si tuviera el visado y no la Green Card podría haber embarcado, pero no tenía ninguna de las dos cosas. Nos habían programado excursiones por todas las islas en el itinerario.

Lo Que Sucedió Después

Naturalmente, no se me permitió subir al barco. Me dejaron atrás. Esas palabras "me dejaron atrás" me perseguían. Me recordaron la referencia a los cristianos que se perderían el rapto. Llegó la noche y yo seguía en el puerto de la autoridad siendo interrogada. Me aconsejaron que volviera a Nueva York. Por supuesto, me negué. Informé a las autoridades que había pagado más de dos mil dólares por mi viaje. "No voy a volver". Aunque estaba en una tierra extraña, sola, tomé un taxi hasta un hotel y conseguí una habitación. Me daba miedo estar sola. Para entonces, estaba hambrienta y cansada. Mi desánimo se prolongaba hasta altas horas de la noche. No era una buena sensación.

Llegada AL Hotel

Después de registrarme, me fui a la cama pero no pude dormir. Estaba cansada y atormentada por las palabras "me dejaron atrás". El diablo me tuvo estresada durante un periodo de la noche. Me sentía atormentada. Todo lo que oía eran las palabras me dejaron atrás. Sentía que si volvía a Nueva York al día siguiente, perecería en el avión. Un montón de cosas bombardeaban mi mente. Finalmente, tuve suficiente. A pesar de mi debilitado estado mental y corporal, comencé a luchar. Repetí las escrituras para contrarrestar esos pensamientos negativos. Sabía que había sido comprada con la sangre de Jesús. Como hija de Dios, estaba convencida de que no hay arma forjada contra mí que pueda prosperar, ¡en el nombre de Jesús! Seguí confesando las escrituras hasta la mañana.

Al día siguiente llegué a la embajada ubicada en el centro de Honolulu para tratar de obtener una visa temporal como se me había aconsejado anteriormente. Después de pasar por el proceso, estaba muy feliz de que la visa fuera aprobada aunque me costara todo el dinero que me quedaba. Seguí adelante y lo finalicé.

Finalmente, llegué al aeropuerto y me embarqué en el avión hacia Hilo para alcanzar el barco. Afortunadamente, el ministro se había mantenido en contacto conmigo. Me aconsejó que tomara un taxi y embarcara en el muelle. Cuando el avión aterrizó, me apresuré a tomar mi equipaje. Mientras iba de camino, el ministro me recordó que el capitán del puerto no puede permitir que el barco espere, debido a su horario establecido. Oí a varios conductores decir: "¿taxi señora?" "¿taxi señora?" — era molesto. Yo no quería un taxi, sólo quería subir al barco. Seguía con el corazón destrozado. El ministro siguió intentando consolarme. Temía volver a perder el viaje. Desesperada, las lágrimas fluyeron. Aquí estaba, en otra isla varada, al menos eso creía.

La Furgoneta Blanca Bajo La Palmera

Cuando salí de la sección de equipajes con mi equipaje y miré hacia fuera, observé una furgoneta blanca en la distancia bajo una palmera. Cuando me di cuenta de que tal vez no podría alcanzar el barco, subí al taxi y me dirigí al muelle. Nada más llegar, el barco empezó a alejarse del muelle. No pude controlar mis emociones. "¡No! ¡No!" grité. Estaba profundamente decepcionada y no podía contener las lágrimas.

La misma furgoneta blanca que vi al salir del aeropuerto pertenecía al mismo hombre que en el aeropuerto me preguntaba si quería un taxi. Era el esposo de la conductora de la furgoneta blanca. Creo que me vio alterada y envió a su esposa a recogerme. A la luz de la situación, comencé a examinar mi alma y mi mente para ver si había algo malo en mí que estaba causando todos estos percances.

El Viaje En Taxi Hasta El Muelle

La conductora, Candi Marie, fue muy agradable y de alguna manera me mantuvo distraída. Se dio cuenta de lo angustiada que estaba. Me interrogó sobre la naturaleza de mi viaje mientras conducía por la calle con los árboles que la cubrían. Era una vista preciosa, pero tenía que llegar al muelle. Le pregunté si podía acelerar un poco y me aseguró tan dulcemente que sí alcanzaría el barco. El trayecto me pareció una eternidad; finalmente, llegamos al muelle y, una vez más, vimos que el barco se alejaba. En mi desesperación, hice dos preguntas tontas: "¿Podemos conseguir una lancha para perseguir al barco? ¿Podemos alquilar un helicóptero para que me bajen por la escalera del barco?". Después de todo, el barco no parecía moverse rápidamente. Parece que todavía estaba cerca del muelle. De alguna manera, viendo el humor en todo eso, me reí y me puse a cantar, sintiéndome como que estaba en la Isla de Gilligan. Era mejor que estar histérica.

Había una oficina en el muelle, así que intenté ponerme en contacto con el director del puerto para pedirle ayuda; pero no pude localizarlo. Se acercaba la noche y pronto estaría oscuro. Por suerte, la taxista me atendió todo el tiempo e incluso me invitó a sentarme en su furgoneta mientras esperaba al gerente. Mi preocupación se acentuó porque ahora me preguntaba cómo iba a pagar a la señora por todas las horas que me esperó, incluso apagando su taxímetro mientras esperaba al gerente del puerto. Mientras estaba allí sentada, me veía rota, desanimada, estresada, frustrada y preocupada. Además, la noche anterior no había dormido nada.

La Razón Por La Que Perdí El Crucero

Mientras estábamos sentados en el auto, ella empezó a animarme a calmarme. Entonces, empezamos a rezar. En ese momento, oré con tanta autoridad. El Espíritu Santo comenzó a orar a través de mí con respecto a los tumores, los crecimientos de cáncer, la depresión y otras dolencias. En ese momento, sentí el poder **dunamis** de Dios sobre nosotros. Esto me ayudó a olvidar todos mis problemas. El **poder de Dios** llenaba el vehículo. Finalmente, al sentir la presencia de Dios, la señora comenzó a reírse muy fuerte.

Me explicó la razón por la que se reía y esta fue su historia... "¡No perdió el barco una vez, sino dos veces sólo por mí!" La miré con asombro. Me explicó que la oración que yo rezaba era por ella. Tenía un cáncer en fase cuatro y ya le habían hecho una histerectomía parcial. Sufría profundos períodos de depresión. No tenía a nadie en quien confiar porque su esposo era el pastor de su iglesia y las esposas de los ministros no tenían la libertad de ser transparentes sobre sus problemas en la iglesia. Por lo tanto, se guardaba todos sus sufrimientos para sí misma, como hacen muchos hoy en día. Lo que me dijo a continuación realmente cambió mi actitud para siempre. Me reveló que, debido a sus sufrimientos en silencio, presentó al Señor una petición. Su petición era "Dios, por favor, envíame un intercesor" y aquí estaba yo, un intercesor designado de Nueva York, que Dios envió por ella. Ella estaba muy agradecida a Dios porque Él respondió a su oración secreta. Adoramos a Dios en esa furgoneta. Sabíamos que el Todopoderoso responde a las oraciones de sus hijos.

Oraciones Contestadas

En este punto, me di cuenta de que este viaje no eran las grandiosas vacaciones que había soñado, pero era una gran aventura de Dios. Llegó a una mujer de Dios, una sierva fiel, que oró a su Padre en el Cielo para que alguien la ayudara y Él me envió a mí.

Había estado cegada por mi estado de tristeza, pero cuando se me reveló la razón, mis penas se convirtieron en una alegría inexplicable. Me dio fuerzas. La Biblia dice lo siguiente: *"El corazón del hombre piensa su camino; Mas el Señor endereza sus pasos". Proverbios: 16:9.*

Después de esperar tanto tiempo sin resultados del gerente del muelle, esta señora me mostró tanta amabilidad, al darme todo el dinero que había ganado por el día conduciendo el taxi. Ella había visitado una feria callejera ese día y le dieron un refresco y un sándwich y me lo dio a mí.

Tuve el privilegio de hacer un recorrido personal por la Isla de Hilo, que fue emocionante. Luego me llevó a comprar comida para la noche. Su mejor amiga era dueña de un hotel y me invitaron a la mejor suite para pasar la noche de forma gratuita. Ella era una total desconocida para mí, pero no para Dios. Él sabía quién era ella y cuáles eran sus necesidades más profundas. En su armario secreto, clamó a su Padre Celestial, que la amaba tanto como para traerme desde Nueva York, a través de los océanos y los cielos, para conocer a esta mujer de Dios y ella a su vez me colmó de una bondad como nunca antes había recibido.

Esta amabilidad fue también la recompensa de amor y fidelidad de Dios hacia mí después de que me sintiera tan devastada por la decepción y el sueño roto. No se trataba de mis sueños o deseos, sino de Su amor eterno hacia las personas. Él es realmente un Dios y un Padre asombroso.

Mi Viaje De Regreso A Honolulu

Dios no me abandonó en un lugar extraño, pero me enseñó una valiosa lección. Me sentí como una misionera, porque estaba en una misión para el Señor, lo supiera o no. Sentí un gran honor por haber sido utilizada por Dios para una tarea tan poderosa. Me dirigía a Honolulu para conocer a mi nueva hermana y hermano en el Señor, los pastores Cristóbal y Aurora.

Candi Marie usó sus Sky Miles y me puso en un vuelo de regreso a Honolulu, donde fui calurosamente recibida por los pastores y los miembros de la iglesia. Candi Marie y los dos pastores en Honolulu me darían la bienvenida en mi próximo viaje misionero. ¡¡¡Oh, qué amor!!!

Después de mi llegada a Honolulu, se me proporcionó un lugar para quedarme durante varios días, en la enorme iglesia.

Mientras que mis compañeros de la iglesia estaban todavía de gira en el crucero, Dios tenía a estos pastores Cris, Aurora y los nuevos contactos, para asegurar que todas mis necesidades fueran satisfechas. El propio pastor venía a la iglesia todas las mañanas a recogerme. Incluso me preparaba el desayuno. Algunos de los miembros me daban una vuelta por toda la isla y él se aseguraba de darles dinero para que me llevaran a cenar cada noche. Los sitios incluían la plantación de piñas Dole y un vuelo en helicóptero para ver una cascada que no se puede ver más que desde el cielo. Fue muy impresionante. Los mercados abiertos que se alinean en el paseo marítimo se convirtieron en una escapada y proporcionaron una forma ideal de mantenerme ocupada hasta el momento en que el barco regresara del crucero siete días después.

Pastores Que Me Hospedaron En Hawái

Otro Movimiento Milagroso De Dios

Exhausta, pensé que mi misión había terminado, ¡pero no fue así! Hubo otro movimiento milagroso de Dios. Era el 4 de julio y la isla planeaba celebrar. El pastor de jóvenes y todos los jóvenes me llevaron a un picnic. Vimos los fuegos artificiales. Fue asombroso porque tuvimos una vista cercana de los fuegos artificiales creativos mientras veíamos las aguas. Esta fue mi primera experiencia viendo los fuegos artificiales del 4 de julio; aunque vivía en Nueva York. Nunca había asistido a ningún evento de este tipo antes de éste.

Fuegos Artificiales En Hawái

Durante el día, nos sentamos en la playa a disfrutar del sol, de la brisa fresca y de la buena comida que hicimos en la barbacoa. Después de todo esto, el SEÑOR me instruyó para compartir la Palabra con los jóvenes. Había muchos jóvenes hermosos y se sentaron en un semicírculo frente a mí. En medio de la enseñanza, oí que el Señor me decía "Llama a Mary Marie" (usaré el nombre, Mary Marie, por privacidad). Con la Biblia abierta en mi mano, sentí que entraba en trance. Tomé mi teléfono móvil y marqué el número. Ella contestó con un saludo casual. Le pregunté si estaba bien. Había intentado localizarla antes de salir de casa para mi viaje misionero. Mientras hablábamos brevemente, reconoció que había escuchado todos mis mensajes. Procedí a preguntarle por segunda vez "¿está bien?". Sentí que no estaba siendo honesta conmigo; entonces compartió conmigo lo siguiente.

En el momento en que marqué su número, ella estaba en peligro. Estaba a punto de acabar con su vida con cócteles, unas tijeras o un cuchillo. Dijo que si una cosa no funcionaba, usaría el otro instrumento para completar el trabajo.

Dijo que todas sus ventanas estaban cubiertas con bolsas negras y que cerró la puerta con llave para que nadie pudiera entrar en su habitación. Más tarde me enteré de que su madre y otros miembros de la familia también intentaban llegar a ella. Me explicó que había rezado justo antes de intentar quitarse la vida. Dijo que pronunció estas palabras mientras tenía el cuchillo en una mano y las tijeras en la otra. Rezó: "Dios, si no quiere que haga esto, deténgame". Dijo que al mismo tiempo que las palabras salían de sus labios, ¡entró mi llamada telefónica! ¡¡Yo estaba en shock, pero Dios sabía!! Ella está viva y bien hasta ahora y justo después conoció al que sería su futuro esposo y ahora está felizmente casada.

Cuando se cumplió la tarea de Dios y volví del trance, los jóvenes seguían sentados frente a mí en silencio, esperándome. Esto fue lo que compartieron conmigo. Dijeron: "Se fue a alguna parte; sus ojos miraban a lo lejos; dejó caer la Biblia y tomó el teléfono y llamó, sin decirnos nada". Creí que me movía en cámara lenta cuando hice la llamada sin excusarme del grupo. Le expliqué lo sucedido, afirmando que no haber actuado de inmediato podría haber provocado que se quitara la vida. Después de eso, disfrutamos de un gran 4 de julio en la playa.

Cuando El Barco Regresó

Me aseguré de esperar en el muelle antes de que llegara el barco. Me aseguraba de no perderlo de nuevo. Ya había pasado una semana. Estaba lista para unirme a la tripulación. Pasaríamos cuatro días más en tierra. Era una gran aventura salir del hotel al agua.

Mi Dilema

La Amabilidad De Mi Amiga Joy

Con todo lo que pasó, me quedé sin dinero; así que mis hermanas y amigos de la iglesia (principalmente mi amiga Joy), siguieron ayudándome durante nuestro viaje. Ella se aseguró de que todas mis necesidades estuvieran cubiertas. Todas se alegraron de reencontrarse conmigo cuando bajaron del barco en Honolulu, pero Joy y yo nos habíamos unido muchos años antes. Yo le había alquilado una casa cuando mis hijos eran más pequeños, así que no sólo éramos vecinas sino que habíamos desarrollado una increíble amistad. Ahora, al estar juntas en Honolulu, estábamos deseando viajar a casa juntas. Me complacía mucho agradecer la amabilidad y el apoyo de los que me habían ayudado. Mi oración por ellos era que Dios siguiera desbordando sus vidas con bendiciones. La escritura dice: *"Cuando damos a los pobres, prestamos a Dios".*

El Asalto Del Enemigo

Cada vez que Dios hace una gran obra en la vida de alguien, el diablo ataca a quien Dios utilizó. ¡¡Aun así ganamos!! Esta es la historia.

Pasé por muchas experiencias desafiantes desde el momento en que abordé el avión — ser separada del grupo; la solitaria y triste noche de guerra en el hotel después de que el barco zarpó sin mí; el viaje a la embajada; la decepción de no llegar a tiempo dos veces para conectar con el barco; y no puedo olvidar la larga espera en el muelle por el gerente y un pase para volver a Honolulu; la estadía de una noche en Hilo que fue arreglada por los pastores que me recogieron en el aeropuerto y mi viaje de regreso a Honolulu cuando Dios proveyó dos pastores para hospedar mi estadía hasta el regreso del barco.

Después de todas estas experiencias, todavía encontré más rechazo. Entre los cristianos que nos acompañaban había una pasajera con aspecto cansado. Bajó del barco y se dirigió hacia mí. Me apuntó con los dedos a la cara y me gritó: "¡Le pasa algo! ¡Tiene que ir y arrepentirse! ¡Busque el rostro de Dios y examínese con seguridad! ¡Algo está muy mal en usted! Es la única que se ha quedado atrás". Me sentí agitada, avergonzada y nerviosa, porque aquí estaban de nuevo esas palabras — "me dejaron atrás" que me atormentaban. Por un momento, las palabras de la desquiciada señora de la iglesia me hicieron recordar lo que tantas veces había escuchado de niña de gente inculta en las cosas de Dios: "Es una bruja", exclamaban en voz alta.

La Soberanía De Dios

Él Es Fiel

Salmo 104:1-2: Bendice, alma mía, al SEÑOR. SEÑOR Dios mío, mucho te has engrandecido; Te has vestido de gloria y de magnificencia. El que se cubre de luz como de vestidura, Que extiende los cielos como una cortina.

Definición de Soberanía de Dios: ser la fuente última de *todo* poder, autoridad y todo lo que existe.

Apocalipsis 21:6 dice: Y me dijo: Hecho está. Yo soy el Alfa y la Omega, el principio y el fin. Al que tuviere sed, yo le daré gratuitamente de la fuente del agua de la vida.

Experimenté la fidelidad de Dios durante la misión especial en Hawái, que al principio parecía un gran percance con una tremenda decepción, ¡¡pero Dios!!

La Gran Recompensa

Durante muchos años, uno de mis mayores deseos, además de ir de crucero a Hawái, era poseer una perla negra. Estas perlas, por lo que deduje, eran raras. Me informaron de que en Hawái hay perlas de verdad. Uno de mis amigos me aconsejó que eligiera la ostra más fea o indeseable y quizá encontrara una.

Había un mercado en la ciudad, así que fui allí. Vi una tienda "fuera de serie" con una exposición de perlas, así que entré. Allí vi un contenedor con ostras, así que seleccioné la primera de ellas. El vendedor cortó la carne y presionó la ostra hacia mí, ¡y salió mi perla negra! El personal de ventas empezó a celebrarlo conmigo diciendo que era una persona afortunada porque nunca había conseguido una perla negra.

Elegí otra ostra y salió una perla gris. El personal de ventas comenzó a celebrarme de nuevo. Cuando digo celebrar, tenían instrumentos en los que tocaban un ritmo de cánticos. Además, los tamaños de las perlas también eran más grandes que los expuestos. Me repitieron que tenía suerte porque nunca habían visto perlas de color y mucho menos de esos tamaños más grandes. Esto fue tan emocionante para ellos como para mí.

También tenían una vitrina con joyas; así que, con su ayuda, elegí un colgante. Me sugirieron un bonito colgante de oro de ostra y colocaron la perla en él. Era un trabajo delicado, pero tenían el equipo necesario. El costo de todo esto fue de sólo $18,00, lo que incluía la ostra, el colgante y el montaje. Les aseguré que no se trataba de suerte, sino que era Dios, que es fiel y me estaba recompensando y dando los deseos de mi corazón para animarme.

Un par de días después de esta experiencia, todos regresamos sanos y salvos a nuestros respectivos hogares en Nueva York. Me sentí muy bendecida.

¿No es Él un Padre compasivo y amoroso que nos ama con un amor eterno e incondicional? ¿Lo cree? ¡Aleluya! No podía guardarme este testimonio de la compasión, el amor, la fidelidad y el cuidado de Dios por mí, después de todo lo que pasé.

Perla Negra Hawaiana

Amar A Las Personas Y Respetar Las Tradiciones

Después de mi regreso a Nueva York y hasta el presente, me mantuve en contacto con mis nuevos amigos de Hawái. En un momento dado me pareció que había perdido la comunicación con Candi Marie y me preocupé, pero descubrí que estaba en otra isla enseñando en la escuela.

Pasó el tiempo y recibí la noticia de que el cáncer había vuelto de forma agresiva y finalmente perdió la batalla. Se fue a casa para estar con el Señor. Nos habíamos conocido en un viaje misionero. Nunca había conocido a nadie tan apasionada por amar a la gente como lo hacía ella. Aprendí de ella la importancia de comprender la cultura y las tradiciones. Ella creía en honrar el hogar de aquellos a quienes ministrábamos. Quiero creer que está en los brazos de nuestro Señor. Cuando me enteré de la triste noticia de su muerte, llamé inmediatamente para animar a la familia. Su esposo, que es pastor, estaba en paz al ver que su sufrimiento llegaba a su fin. Me contó que la noche en que se produjo la transición, los perros estuvieron ladrando toda la noche y para él era una señal de que era el final.

Candi era muy amable y estaba llena del amor de Dios por las personas. ¡Duerme En Paz (DEP) mi hermana! Cuando hacemos lo que el Señor quiere, Él nos dará el deseo de nuestro corazón. El Salmo 37:4 nos recuerda, *Deléitate asimismo en el SEÑOR, Y él te concederá las peticiones de tu corazón.* Aquí vemos que Candi le pidió a Dios que enviara un intercesor; a pesar de sus pruebas se deleitó en Él y esperó pacientemente. Cuando pienso en eso, debo exclamar "¡Dios es impresionante!" No puedo encontrar una palabra que sea lo suficientemente grande para describirlo a Él. Mi corazón se agranda con amor, gratitud y deleite por tenerlo a Él como mi Dios y a mí como su hija. *Salmo 144:15 ¡Bienaventurado el pueblo que tiene esto; Bienaventurado el pueblo cuyo Dios es el Señor!*

No podría describir lo que siento en este momento mientras escribo estos hermosos relatos. Lo exhorto a que, mientras lee estas experiencias y testimonios, abra su corazón al Dios Grande y Poderoso, Creador del Universo, que nos hizo a su imagen y semejanza porque, sin Él, nada fue hecho. *Juan 1:3 dice: Todas las cosas por Él fueron hechas, y sin Él nada de lo que ha sido hecho, fue hecho.*

Recuerde siempre que Dios lo seleccionará para llevar a cabo una tarea y, como puede parecer extraña e imposible, puede cuestionar su directiva, pero usted fue elegido porque Él confía y sabe que es capaz y está preparado para hacerlo.

Este es el deseo o la voluntad de Dios para la humanidad de acuerdo con 2 Pedro 3:9 *El Señor no retarda su promesa, según algunos la tienen por tardanza, sino que es paciente para con nosotros, no queriendo que ninguno perezca, sino que todos procedan al arrepentimiento.* Él hará todo lo posible por alcanzar un alma. *Los ojos del SEÑOR están sobre los justos, Y atentos sus oídos al clamor de ellos. Salmo 34:15.*

¡Que Dios Nos Bendiga!

Capítulo 6

Los Secretos Revelados A Través De Las Visiones

¡Es Una Niña! Kiyomi Abreu

Esta siguiente historia es compartida por los padres de la niña. Quiero darles un consejo sobre lo increíble que es Dios. Un día estaba sentada frente a mi computadora y de repente vi una visión de una hermosa niña flotando frente a mi cara como en una alfombra mágica. Estaba vestida de rosado, tenía el pelo negro, suave y rizado y una hermosa apariencia. Le pregunté: "Señor, ¿de qué se trata?" Me contestó: "La bebé de Amanda". Lo olvidé por completo hasta que volvió a mi memoria el día de su boda, y lo compartí con Amanda. Era la visión de una niña que nacería de ella.

Amanda escribió: Todo empezó con una visión y seguro que se hizo realidad para nosotros. Mi esposo y yo acabábamos de casarnos y estábamos disfrutando de nuestra nueva vida juntos. Hablábamos de hijos sin saber cuándo, pero una mujer sí lo sabía. Me llamó unas semanas después de habernos casado y me dijo que Dios le había mostrado a nuestra hija. Incrédula, le dije que no estaba embarazada. Ella me dijo que no ahora, pero que muy pronto. Se lo conté a mi esposo; nos miramos y nos dijimos mutuamente "sí, claro". Fue muy detallada sobre su aspecto—"piel morena, pelo rizado y muy bonita", describió. Dijimos: "¿Cómo sabe ella que tendremos una niña? Sólo Dios puede saberlo".

Amanda continuó, "seguimos con nuestras vidas normalmente ignorando la información que nos dieron". A los dos meses nos hicimos una prueba y descubrimos que estábamos embarazados. Las dos nos miramos y seguíamos sin poder creerlo. Inmediatamente llamé a Lourdes y se lo conté. Lo único que me dijo ese día fue "Gloria a Dios". Seguimos diciéndonos que tal vez fuera un golpe de suerte... recién casados; es habitual tener un bebé justo después. Ahora lo que nos daba curiosidad era el sexo. Nos dijo que era una niña preciosa. Incluso vino a mi trabajo y me regaló un par de calcetines de color rosado con las palabras "Te amo mamá". ¡¡¡¡Me dije, esta señora está loca!!!! Estaba segura de que íbamos a tener una niña porque sabía lo que Dios le había dicho y mostrado.

Pasaron unos meses y mi esposo y yo estábamos planeando una pequeña fiesta para revelar el sexo. Por supuesto, tenía que invitarla porque quería ver si tenía razón todo este tiempo. Hablamos varias veces por teléfono y a veces le preguntaba: ¿Está segura? Ella siempre decía que sí.

Así que llegó el gran día y todo el mundo estaba esperando y preguntándose. Ese día estábamos muy nerviosos. En el fondo, sabía que yo deseaba tanto una niña. Incluso me decía que más le valía tener razón. Estoy segura de que le decía a Dios: "por favor, déjeme tener razón porque si no la tengo, me matará". Por fin teníamos en nuestras manos el resultado del doctor. Todo el mundo gritaba "niño" y ella "niña". Abrí la carta y mi esposo y yo no podíamos creer lo que veíamos. El resultado decía: "Es una hermosa niña". Gritamos, lloramos y reímos al mismo tiempo, pero cuando miramos, ella estaba mirando hacia arriba diciéndole a Dios: "Gracias".

Dios le reveló nuestra bendición y aunque dudamos de su visión algunas veces, ella mantuvo su fe sabiendo lo que Dios le había mostrado. Nunca perdió de vista eso y todavía habla de eso hasta el día de hoy. Nuestra bebé tiene ahora dos años; tiene el pelo rizado y es una niña preciosa.

Gracias, Dios, por permitir que Lourdes tuviera la primera visión de nuestra gran bendición.

Atentamente,
Rafael y Amanda Abreu

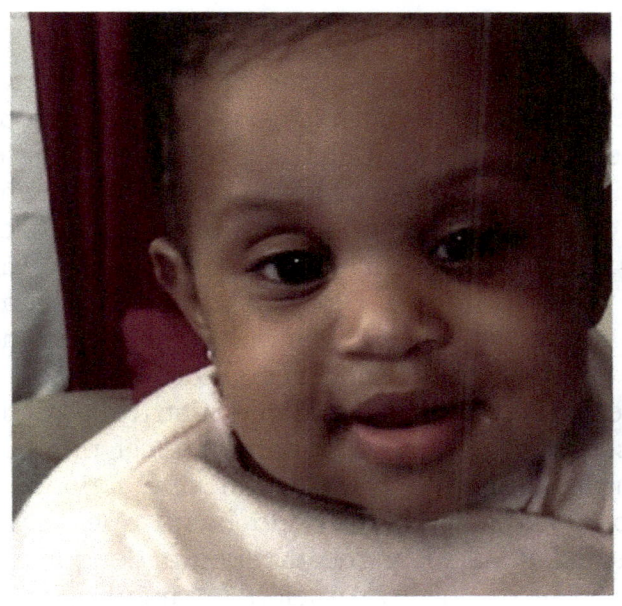

La Bebé Abreu

Capítulo 7

Curada Por La Fe

Yo era una cristiana nueva, pero muy celosa por las cosas de Dios. En ese tiempo, tuve un flujo de sangre por 21 días que los doctores parecían no poder parar. El flujo era muy fuerte; y no podía ni siquiera respirar profundamente sin que saliera a chorros. Iba una y otra vez a la sala de urgencias, pero cada vez me enviaban de vuelta a casa sin remedio. Desgraciadamente, mi recuento sanguíneo empezó a disminuir, lo que me provocó una grave anemia.

Por esa misma época, me invitaron a un servicio dominical nocturno en otra iglesia, en compañía de varios pastores. Mientras me duchaba y me preparaba, el Señor me dio instrucciones específicas. Casi simultáneamente, el diablo comenzó a formular su plan para sacarme y empezó a hablarme de ir a estar con el Señor. Entonces, empecé a preguntarle a Dios si esta era la forma en que me iba a llevar y le dije a Dios que estaba lista; ¡no sentía ningún temor! Fue entonces cuando el Señor me dijo "¿Dónde está su fe?" y luego me instruyó: "¡Coloque su mano sobre su estómago y hable con el problema!" ¡Lo hice! Inmediatamente pude sentir que todo se secaba, pero no me di cuenta del todo hasta que volví a casa después del servicio; y me di cuenta de que no había ningún chorro, ni saturación. ¡Amén! ¡Fui curada inmediatamente! Sólo quiero asegurarle que cuando Dios cura, ¡cura! No podemos dudar de Él; yo estaba casi en ese camino de la duda.

Mi pastor había predicado en la otra iglesia y cuando terminó, entregó el servicio al pastor de la iglesia que acogía el servicio. El pastor hizo un llamado al altar para que todos los que tuvieran problemas serios de salud y necesitaran un milagro se acercaran para orar – intenté levantarme y de repente la voz del Señor resonó en mi Espíritu "¡a dónde va, ya está curada!" Sin duda, cuando volví a casa, ¡no había flujo! Se había secado inmediatamente cuando Dios me ordenó tomar la autoridad. Esto fue en el día 21 de la edición. ¡Deténgase y escuche! ¡Pensemos en esto! En el día 21 de la hemorragia, ¡Dios me curó! Amén. ¡Gloria a Dios!

Capítulo 8

El Trance A África

Un Viaje Espiritual

Un día estaba rezando y ayunando, mientras estaba acostada en mi lugar secreto, fui transportada en el espíritu al continente de África; específicamente, a las regiones de Kenia y Nairobi. En el espíritu, vi a Cú, el jefe de una tribu derrotada, arrodillado y solo porque su tribu había sido asesinada y él era perseguido por la tribu victoriosa. Me encontré hablando con él y animándolo a no tener miedo de ellos.

El sol era muy brillante y el suelo estaba reseco y Cú estaba arrodillado con su lanza en la mano clavada en el suelo apoyándose. El Señor comenzó a hablarme diciendo: "infórmale de que se convertirá en el líder de esa tribu que lo perseguía". El líder de esa tribu había sido asesinado y Cú tenía miedo, pero el Señor le aseguró que no le ocurriría ningún daño.

Le compartí el plan de salvación: que si reconocía a Jesús como Señor y Salvador no tendría que luchar con ellos porque el Señor lucharía por él. Se arrodilló y rindió reverencia al Señor. Inmediatamente después se enfrentó al grupo y comenzó a decirles lo que Jesús podía hacer por ellos si se rendían y dejaban sus armas de guerra. Todos se sentaron y escucharon. Luego se levantó y los guió hacia la puesta de sol.

El Señor me ordenó que cantara la canción *"Mantén tus ojos en Jesús"*.

> *Mantén tus ojos en Jesús; mantén tu mente en Él*
> *Mantén tu mente en Jesús en ese camino estrecho,*
> *Él está en el sol, y Él está en la lluvia, Así que mantén tus ojos en Jesús y Él guiará el camino.*

Yo oré y les aseguré que Jesús había dejado su paz con ellos.

Esto puede parecer una historia rebuscada, pero les aseguro que es real. Hay muchos sucesos sobrenaturales de los que no somos conscientes a menos que seamos sensibles al Espíritu de Dios y creamos que el mundo espiritual se manifiesta activamente. Una verdad que he aprendido es que no hay distancia en el reino espiritual; y debido a esta verdad, podemos quedarnos en un lugar y orar por alguien o una circunstancia en un lugar lejano y los milagros pueden ocurrir y ocurren.

Puede que no siempre conozcamos los resultados de los viajes de nuestro espíritu, pero sí sabemos que somos seres espirituales y que una vez que nos sometamos al Padre y estemos dispuestos, Él nos usará para traer liberación a alguien en crisis. La vida con Dios es una aventura.

Rezo para que usted tenga muchas aventuras espirituales con el Espíritu Santo.

Capítulo 9

Viaje Misionero A México

Me embarqué en un viaje misionero a México, específicamente a Guadalajara y Sahuayo. Estaba emocionada por alcanzar al pueblo de Dios y fue un gran privilegio y honor servir al Señor en ésta comisión.

Él ciertamente nos da los deseos de nuestros corazones. Cuando crecía, mi deseo y confesión era: "Quiero ir a otros países para ayudar a la gente". Él escuchó la confesión de mi corazón y concedió mi deseo.

Comienza Otra Aventura

Salimos de Nueva York hacia Guadalajara el 7 de diciembre y debíamos cambiar de avión en Houston, Texas, lo cual hicimos. Después de abordar el avión, el piloto anunció que estaban experimentando dificultades técnicas y dentro de mí escuché en voz alta "haré que despegue este avión". Casi al mismo tiempo, el piloto anunció: "¡tenemos que despegar!" ¡Me alegré mucho de eso!

Un incidente similar tuvo lugar a nuestra llegada a Houston, Texas. Tras el aterrizaje, el avión rodó durante un largo periodo de tiempo antes de llegar a la puerta de embarque asignada. Como consecuencia de este retraso, tuvimos que apresurarnos para llegar a nuestro vuelo de conexión. De camino, nos dimos cuenta de que había una gran distancia entre el lugar en el que nos encontrábamos y el lugar al que nos dirigíamos, porque la puerta de nuestro vuelo de conexión estaba en otra terminal y nos obligaba a tomar un tren. Vi despegar un avión mientras íbamos hacia la puerta de embarque y, en broma, les dije a mis amigos: "¡Ahí va nuestro avión!" Cuando por fin llegamos al mostrador para registrarnos, nos informaron de que acabábamos de perder nuestra conexión aérea con México y que tendríamos que tomar un vuelo nocturno o salir al día siguiente. Me negué a aceptar esas opciones.

Les expliqué que habíamos hecho arreglos en Guadalajara para viajar en autobús a otra ciudad ese día. También le informé a la agente que era la primera vez que iba allí y que era crucial que tomara un vuelo de inmediato. El favor del Señor estaba con nosotros. Había otra persona que estaba delante de nosotros y que también esperaba un vuelo de conexión. Esperaba que la agente lo hiciera subir al avión. La agente se apartó de él un momento y empezó a buscar en otra computadora y, efectivamente, me dijo que había un vuelo que salía dentro de una hora más o menos, lo que acepté amablemente. Otra agente se acercó al mostrador y preguntó al hombre que estaba esperando si tenía un vuelo y éste respondió "no". Entonces le preguntó a la agente que me atendió, cómo había conseguido un vuelo para mí cuando no había ninguno disponible. Ella respondió "no lo sé" ¡No lo sé! ¡Fue el favor de Dios! ¡¡Aleluya!! Finalmente subimos al avión, felices de estar en camino. Debido al favor de Dios, llegamos a salvo a Guadalajara esa noche y nos quedamos en un hotel durante la noche porque no pudimos hacer el viaje por carretera a la otra ciudad como estaba previsto. Al día siguiente recorrimos la ciudad, visitando algunas atracciones turísticas; por ejemplo, la gran catedral.

Más tarde, por la noche, subimos a un autobús que nos llevó a la ciudad de Sahuayo, donde comenzó nuestra misión. De camino al hotel, nuestra líder fue invitada a visitar a un pastor de la ciudad al que quería conocer; por lo tanto, fuimos llevados a su iglesia por el muy fiel pastor que era nuestro anfitrión. Cuando llegamos a la iglesia, estaban estudiando la Biblia.

Nos presentamos al grupo sentado alrededor de la mesa. Entonces el apóstol que era nuestro líder me pidió que cantara una canción que había cantado antes a otro grupo de personas. Esta es la letra: *Dios ha sido bueno*. De repente el Espíritu Santo empezó a profetizar a través de mí diciendo "¡Espérenme! Como en el Cenáculo, los discípulos esperaron en mí hasta que fueron investidos con el poder de lo alto. Esperen la respuesta que les daré". ¡En este momento todos se pusieron de pie adorando simultáneamente a Dios! El Apóstol comenzó a profetizar a la esposa del pastor. Le dijo cosas que sólo Dios sabía.

El domingo visitamos su iglesia para adorar con ellos. Disfrutamos de la experiencia de adoración y también ministré en la danza.

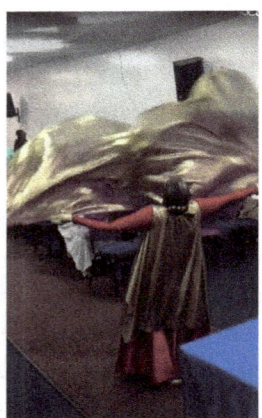
Ministrar en la Danza

Interpretación

Justo antes de que el pastor predicara, el Espíritu del Señor comenzó a hablar a través de su esposa. Ella comenzó a compartir con la congregación lo que ocurrió el jueves por la noche. Ella nos explicó a todos, que habían estado buscando a Dios por respuestas concernientes a la operación de los dones del Espíritu Santo y mientras buscaban, Dios nos envió desde lejos para traer claridad. Explicó que la profecía era exactamente lo que estaban pidiendo y buscando a Dios.

Después del servicio, por la tarde, nos invitaron a comer con ellos y aceptamos. Mientras comíamos con ellos, la esposa del pastor comenzó a compartir con nosotros en privado que la profecía que el Apóstol compartió con ella, iba al grano en unas cosas y otras que se alineaban con lo que Dios había hablado en su corazón en privado.

Alcance De Las Misiones

Visitamos Palos Altos, un pueblo en una zona remota de Jalisco. El viaje por carretera fue largo, pero valió la pena; muchos campos abiertos durante kilómetros. Cuando llegamos al lugar, me conmovió la compasión como lo hizo Jesús *(Mateo 9:36) Y al ver las multitudes, tuvo compasión de ellas; porque estaban desamparadas y dispersas como ovejas que no tienen pastor.* Los niños jugaban alegremente en la tierra con sus perros. Sus juguetes eran botellas, palos y piedras. Sólo vi una casa en la zona; sus condiciones de vida no eran muy buenas, pero eran felices y humildes. Mi corazón se llenó al ver a estas personas – adultos, jóvenes y niños que nos esperaban. Cantamos canciones de adoración y les dimos comida espiritual y física. Había una adolescente embarazada a la que ministramos y que aceptó al Señor como Salvador. Otro día, distribuimos abrigos y ropa a todos los niños.

Con Los Niños En Los Palos

Visita A Otra Iglesia En Una Colina

Esta iglesia estaba lejos, en una colina. La gente era muy humilde, agradecida y receptiva a la provisión de Dios. Ministramos a la gente; había personas con necesidades que sólo Dios a través de sus siervos podía tocar y sanar sus cuerpos y sus mentes.

Sigo experimentando la soberanía de Dios — el poder o la autoridad suprema, el amor y la preocupación — por su pueblo. Créame cuando le digo que Él hará todo lo posible por llegar a su pueblo. El viaje fue muy largo y nos llevó por caminos rocosos y estrechos, entre árboles, a una zona remota donde no había nada. Después del servicio, en nuestro camino de regreso, el auto no quiso bajar la colina rocosa. Nos quedamos atascados en la colina con los neumáticos girando y las piedras volando por todas partes y el auto no se movía. Salimos del auto para que los hombres de la iglesia intentaran empujarlo fuera de la colina. Pero no hubo manera. En mi mente estoy pensando que estaba muy oscuro; cualquier animal podría haber salido hacia nosotros. Afortunadamente, al final se movió. Vaya, qué sacrificios hacen los muchos evangelistas y trabajadores misioneros. La Apóstol compartió conmigo hermosas y peligrosas misiones que ha hecho por el nombre de Jesús. Ella me decía "Si está vendido a Cristo, tiene que ir". ¡Amén a eso!

Sobre El Anfitrión: Incansable

El pastor que nos recibió y hospedó, es un hombre de Dios muy dedicado. Su amor y compromiso con la obra del Señor y su compasión por el pueblo de Dios son notables. Forma parte de un equipo de tres personas. Su esposa, una joven que adoptó y él mismo. Cocinan para los pobres y necesitados con sus recursos e ingresos. Sus incansables noches sin dormir han tocado mi corazón. No pide ayuda, sino que utiliza lo que tiene y mantiene su enfoque en la Gran Comisión.

Orando Por Los Santos

Recorrido Por La Ciudad De Sahuayo

Después de que todo nuestro trabajo misionero fue realizado, el pastor nos llevó a hacer algunos recorridos en nuestro camino de regreso a Guadalajara. Nos detuvimos en un restaurante muy bueno en una colina con una hermosa vista panorámica. Pudimos ver la planta de la cual se produce el "tequila".

Aventura En Guadalajara

Dios nos trajo de vuelta a salvo, sin incidentes. Fue un largo viaje en auto; aproximadamente cuatro horas.

Tuvimos problemas con el auto en el camino, por lo que la persona que nos llevaba no pudo completar el viaje. Tuvimos que esperar hasta que pudimos conseguir un taxi lo suficientemente grande para nosotros y nuestro equipaje. Este nuevo conductor no estaba muy familiarizado con la zona a la que nos dirigíamos y no pudo encontrar el hotel. Cuando ya habíamos dado vueltas durante un buen rato, empecé a ser escéptica, y me puse a rezar. Doy honor a todos los misioneros; no es un trabajo fácil, ¡pero Dios siempre nos saca adelante! Eso es un testimonio de la obra del Señor, Él es fiel en todo. Prometió preservarnos de todo mal; vigilar nuestra salida y entrada, desde ahora y hasta siempre. A nuestro regreso a Guadalajara, pasamos unos días más divirtiéndonos. Visitamos tiendas de recuerdos y mercados.

Una Celebración En El Pueblo

En diciembre, México celebra las fiestas de la Virgen de Guadalupe. Había un parque enfrente de nuestro hotel, en el que se organizan todo tipo de espectáculos coloridos que observamos y disfrutamos. Decidimos dar un paseo y comprar un poco más. Mientras caminábamos, un individuo se acercó a mí con una gran sonrisa y admiración en sus ojos. De repente, me tendió la mano y me la estrechó tan rápidamente que me pregunté "¿de qué se trataba eso?" Se alejó rápidamente entre la multitud, pero volvió a mirarme, con una gran sonrisa y ojos brillantes, como si dijera ""me he encontrado con una visita". Yo no sabía qué hacer con eso; estaba desconcertada.

Otro Encuentro Misterioso (Juego De Las Escondidas)

A la mañana siguiente, estábamos (mi amiga Judy y yo) buscando un restaurante para desayunar. Visitamos uno adyacente al hotel y entré primero porque mi primer idioma es el español. Observé al camarero conversando con algunas personas, era muy amable con ellas, así que esperé a que nos viera, pero cuando me acerqué a él para pedir un menú o que me sentara, corrió hacia el fondo del restaurante dejándonos solas.

Esperé unos minutos más a que saliera porque pensé que había ido por su pedido. Mientras esperaba, no dejaba de mirar hacia la cocina y, para mi sorpresa, ¡se asomaba por detrás de las paredes como si estuviera jugando a las escondidas! Era casi como si tuviera miedo (o prejuicios) porque somos personas de color. No entendí su comportamiento, así que nos fuimos y buscamos otro restaurante. Aquí estoy de nuevo sin saber qué pensar de este encuentro. Al día siguiente, volvimos al primer restaurante, porque había reunido unos cuantos folletos del ministerio. Pregunté por él y me informaron de que no estaba allí. El personal se sorprendió de su ausencia, porque no era de los que faltaban al trabajo. Personalmente, no sé si estaba al acecho y había corrido a esconderse de nuevo, ya que no me avisaron; por lo tanto, dejé los folletos de todos modos y les pedí que se aseguraran de que los recibiera. Regresamos a Nueva York, al día siguiente.

¿Quién Es La Virgen De Guadalupe?

Cuando regresé a Nueva York, decidí investigar un poco sobre la Virgen de Guadalupe. Había oído hablar de la celebración de la "Virgen Negra" en las noticias, pero no había oído ninguna referencia al color de su piel. *Busqué la información en Google* y mientras investigaba, el Señor comenzó a revelarme que los dos misteriosos encuentros con los dos hombres: (el de la calle en Sahuayo y el otro en el restaurante) eran similares.

La Virgen Negra

El encuentro con el señor de la calle que estaba tan contento fue porque pensó que tenía una aparición de la Virgen de Guadalupe, lo cual lo emocionó. Todo el mundo en esa ciudad es hispano de un tono de piel claro, mientras que, yo soy una mujer de color. Como probablemente ya habrán adivinado, éramos las únicas personas negras que andaban por el pueblo.

¡Gloria a Dios! Somos seres espirituales llenos del Espíritu Santo y embajadores en otro país en misión. Este hombre probablemente fue a casa y compartió con otros que tuvo un encuentro. Yo oré para que el Espíritu de Dios transformara su vida y lo convirtiera en un testigo y mensajero del Señor.

En cambio – el individuo en el restaurante corrió y se escondió porque no estaba viviendo bien y estaba aterrorizado. Lo que vimos en su rostro fue un terror absoluto. En su mente, creía que la virgen negra visitaba su lugar de trabajo porque no estaba bien. Ciertamente corrió por su vida, porque me informaron que está allí todos los días, pero ese día en particular, cuando le dejé la literatura, no se presentó a trabajar. A través de este incidente aprendí que hay protección divina tanto en el extranjero como en casa. Vivo en Nueva York y ejerzo mi ministerio a nivel local, cada vez que puedo. Dios es el revelador de las verdades y misterios ocultos. Amén.

Capítulo 10

Los Sueños Se Hacen Realidad En Manhattan

Además de ir a los viajes del ministerio, también mantenía un trabajo a tiempo completo. Durante algún tiempo, trabajé en el Departamento de Valores Extranjeros de Merrill Lynch, ubicado en el Centro Financiero Mundial (WFC). La noche anterior a mi último día allí, tuve dos sueños. Me di cuenta de que mis sueños y visiones estaban ocurriendo con más frecuencia. Estos sueños fueron muy perspicaces y resultaron ser una profecía fantasmal que revelaba una posible devastación que podría afectar a muchos.

El Primer Sueño: Agua Que Chisporrotea

Era una noche muy calurosa en 1989 y mientras dormía profundamente, soñé que miraba por la ventana de mi oficina desde el WFC. Podía ver la autopista Westside, el río Hudson y el World Trade Center (WTC). También se veían las demás torres. Estábamos ocupados trabajando, cuando de repente, hubo una erupción tumultuosa desde el exterior, muy parecida a la explosión de una bomba. El edificio fue golpeado. El agua chisporroteaba por todas partes.

El Humo

El humo llenó rápidamente la sala hasta los 10 pies (3 metros) del techo. Todavía en el sueño, imaginé que mis compañeros de trabajo entraban en pánico. Estaban aterrorizados y corrían hacia la puerta y salían de la habitación. Selina, mi supervisora adjunta, estaba a punto de salir corriendo con la multitud. En el sueño, la aparté por la fuerza y la agarré de las manos. Juntas, luchamos bajo las toneladas de agua que se elevaban en la sala. Instintivamente, supe que no todos los que salieran corriendo del edificio sobrevivirían. Sin poder respirar, la insté a que no se precipitara. Nos agarramos con fuerza la una a la otra. Me pareció una eternidad. Luchar por respirar bajo el agua no era tiempo para largas oraciones.

Sólo podía pensar en las palabras del Salmo 23, *El Señor es mi pastor; nada me faltará...* Incluso entonces estaba exasperada. Agarrando de nuevo las manos de Selina, seguí intentando convencerla de que teníamos que sobrevivir. Incluso en ese momento, mi fe era fuerte. De repente, el agua empezó a retroceder. Parecía que una enorme esponja absorbía toda la humedad de la habitación. Milagrosamente, estábamos a salvo. Como es habitual en los sueños, la escena cambió bruscamente. [Me encontraba en otro estado mental del sueño].

Miré por la ventana que daba al Hudson y para mi asombro, todas las torres habían caído y se habían desmoronado. Incluso el Centro Financiero Mundial estaba lleno de escombros. Había destrucción por todas partes. Incluso en el interior del marco de la ventana había escombros. Me preguntaba cómo era posible, ya que no había ninguna ventana rota. Esto me alarmó incluso después de despertarme; pero el sueño parecía inusualmente real. Sentí que probablemente me atormentaría todo el día. Los detalles no coincidían con nada de lo que sabía.

Cuando compartí mis sueños en el trabajo al día siguiente, mis compañeros estaban ansiosos por escuchar todos los detalles. Hablamos de todos los posibles significados durante toda la mañana. A medida que analizábamos los detalles, sólo se despertaba más misterio en nuestras mentes. Sin embargo, nada podría habernos preparado para lo que ocurrió en realidad, ese mismo día. Hubo dos atentados. La primera bomba había sido colocada cerca del edificio del WFC. Al oír la alarma de emergencia, nos enteramos de que nuestro edificio era uno de los objetivos. ¿Objetivo? ¿De qué? No sabíamos qué creer. Moviéndonos rápidamente, como se nos había enseñado, nos escondimos debajo de las mesas y los escritorios, preparándonos para cualquier residuo potencialmente peligroso. ¿Sería lo mismo que vi en mi sueño? Todos nos preparamos para lo peor.

A gran velocidad, llegaron los vehículos de emergencia y las sirenas de la policía. Nuestras voces se hicieron eco de la incredulidad. Sabíamos que podía explotar. Por los altavoces nos enteramos de que las autoridades habían descubierto una bomba cerca de nuestro edificio. Estaba colocada en el paso de peatones entre la 165 de Broadway y el Centro Financiero Mundial, por donde solíamos pasear para comer. Afortunadamente, no explotó. La Brigada Antibombas de la Policía de Nueva York pudo desactivarla a tiempo.

La explosión podría haber sido ensordecedora. Las sirenas y el humo podrían haber llenado los pasillos. Habríamos estado atrapados y aterrorizados. Podrían estar ocurriendo posibles ataques terroristas en nuestro lugar. Intenté mantener la calma. Nuestra imaginación se disparó.

Las voces de los compañeros de trabajo me gritaban "¡Ahí va su sueño!" Agitada, insistí y dije: "¡no es así!" Gritaron: "¿Por qué no?" Les expliqué: "Los detalles no coinciden", el sueño era muy específico. No sabíamos lo que ocurriría más tarde, en unas semanas.

Otra bomba fue colocada. Esta explotó bajo el estacionamiento, cerca de donde caminamos diariamente. ¡Explotó! ¡Sucedió! Los niveles de ansiedad se dispararon. Todos nos sentimos aún más intranquilos, llenos de preocupación y de inquietud. "Que Dios nos ayude", recé. Sólo queríamos volver a casa. Milagrosamente, pronto volvimos a estar sanos y salvos. Estuvimos nerviosos durante mucho tiempo después del atentado. Seguí rezando. Incluso las personas que nunca han rezado, agradecen abiertamente a Dios que nadie haya resultado herido. Al pensar en lo sucedido, me pareció un ensayo general de algo peor que estaba por venir, algo que ninguno de nosotros quería imaginar. Mientras contaba mi sueño, añadí con firmeza "¡no es eso!" No era eso lo que mostraba mi sueño. Los incidentes de las bombas simplemente no coincidían con el sueño. Después de muchos días, el incidente de la bomba se convirtió en un recuerdo pasado y nebuloso. Manejamos nuestras aprensiones tácitas. Esperábamos que el atentado hubiera terminado.

El Segundo Sueño: Un Abrir Y Cerrar De Ojos

Soñé que la esposa de mi supervisor, el Sr. Dixson, Jean Marie, estaba embarazada. Su vientre parecía inusualmente grande y, en un instante, o en un abrir y cerrar de ojos, empujaba un coche de bebé y en él había una hermosa niña vestida de rosado. El Espíritu del Señor me habló diciendo "dígale a su esposo, el Sr. Dixson que aprecie a esta niña y la ame con todo su corazón y lo bendeciré con el hijo que desea".

La Historia Del Sr. Dixson

El Sr. Dixson compartió su historia conmigo. Cuando eran una pareja joven, estaban muy ilusionados por formar una familia juntos y, posteriormente, fueron bendecidos con un hijo. Decidieron celebrar una ceremonia de bautizo para él y fue un momento memorable con amigos y familiares. Durante la celebración, el bebé se quedó dormido y lo acostaron en su cuna para seguir entreteniéndose.

Cuando terminó la celebración, entraron en la habitación del bebé. Para su sorpresa, encontraron al bebé Anthony muerto en su cuna. Jeanie se sintió abrumada por el dolor. La muerte en la cuna quedó como un recuerdo extremadamente triste para ambos. El Sr. Dixson no hablaba mucho de su pérdida, ni del profundo nivel de su dolor y decepción. Como me consideraba una cristiana sin experiencia, no sabía mucho sobre la evangelización, pero traté de ser comprensiva. Así que asistí al funeral y, con el tiempo, me acerqué a la pareja. Incluso en días de mucho trabajo, sacaba tiempo para preguntar por su esposa y desearle lo mejor.

Pasaron meses, hasta que la Palabra del Señor vino a mí diciendo "Vaya y dígale a ese joven (Dixson) que le devolveré a su hijo porque yo no quito y no devuelvo o reemplazo lo que quito" "Necesito que me suelte", dice el Señor; dijo que el joven está "enojado conmigo y me culpa por la muerte de su hijo. Necesita soltar toda la falta de perdón y yo lo bendeciré". Hice justo lo que el Señor me ordenó.

El día que le di al Sr. Dixson esa palabra de Dios, me miró con asombro y con cierta incredulidad. Más tarde me enteraría de que, según el CDC, el Síndrome de Muerte Súbita del Lactante (SMSL), había disminuido considerablemente — de 13,3 muertes por cada 100,00 nacidos vivos en 1990 a 35,2 muertes por cada 100.000 nacidos vivos en 2018. Lamentablemente, la muerte del pequeño Anthony puede haberse sumado a esas estadísticas. Los estudios demuestran que el SMSL no tiene síntomas ni señales de advertencia. En otras palabras, no hay nada que la joven pareja pudiera haber hecho para salvar la vida de su bebé. Los bebés que mueren por el SMSL parecen estar sanos antes de ser acostados. Sin embargo, esto no fue un consuelo para la joven pareja.

La pareja intentó varias veces concebir de nuevo, pero fue en vano. Habían visitado a muchos doctores y el informe que recibieron fue que nunca tendrían hijos; así que desistieron de intentarlo. A medida que pasaban los años, le iba recordando la Palabra del Señor. Me di cuenta de que estaba a gusto con Dios. Sólo el Señor conoce el corazón del hombre. Él sabía exactamente cuándo intervenir con sus promesas. Le aseguré a Dixson que Dios haría justo lo que había dicho. Estaba claro que él quería creer. Me bastaba con saber que al menos pensaría en la promesa.

Finalmente, tendría otro mensaje para compartir con el Sr. Dixson, quien a menudo se burlaba de mis sueños. Bromeaba y decía: "Oh, ¿otro sueño? ¿Qué comió anoche?" Nos reíamos juntos, hasta que una mañana de agosto de 1989 tuve una confirmación.

Eran alrededor de las 5:00 am cuando llamé al Sr. Dixson. Le dije que su esposa quedaría embarazada. ¡Será una niña! Ámela y entonces Dios le enviará un hijo. Exclamó bromeando: "El Señor, sabe que lo estamos intentando". Después, le hablé de mi sueño anterior sobre la destrucción del World Trade Center. No me tomó en serio, pero le aseguré que se cumpliría.

Dejar Merrill Lynch

Mientras estuve en Merrill Lynch, mi oficina se encontraba en el Departamento de Valores Extranjeros, ubicado en el WFC. Llegó el anuncio oficial de que mi empresa se trasladaría pronto a Nueva Jersey. Recuerdo que me dijeron que varios compañeros de trabajo decidieron no trasladarse. Tomar la misma opción significaba un cambio de carrera no planificado. Experimenté emociones "amargas/dulces" porque sabía que extrañaría a mis compañeros de trabajo. Mi supervisor, el Sr. Dixson, había sido especialmente importante en mi formación en la empresa. Él también iba a hacer la transición. Su apoyo a todos nosotros fue inestimable. Con mi experiencia en un entorno corporativo, formado por profesionales capaces como el Sr. Dixson, sabía que podría buscar y obtener fácilmente otro puesto lucrativo.

Pensé que tal vez un cambio era bueno. En pocos días, mi cambio se produciría a través de una llamada del Servicio Postal de los Estados Unidos (USPS). Me contrataron al instante. El horario y el salario eran competitivos. Era como un sueño hecho realidad.

Ahora podía pasar más tiempo con mis hijos, asistir a las reuniones de la Asociación de Padres y Profesores (PTA), ser voluntaria en el centro comunitario y dar paseos por el parque. Trabajar en Manhattan, cerca del WTC, tenía sus ventajas. Estaba a unas manzanas del National Memorial & Museum y del Manhattan Waterfront y por supuesto, del Edificio Woolworth, a unas calles de distancia, donde podía hacer grandes compras como sorpresas para los niños. De vez en cuando me daba el gusto de comprar chocolates o una taza té en la cafetería Nunus de camino a casa.

Cuando corría hacia el tren en la estación del WTC, me mezclaba con la multitud con una velocidad similar, sin prestar atención mientras me apresuraba a llegar a mi destino. Ese último día caminé con rapidez hacia el trabajo, con los regalos en las manos, doblando esquinas conocidas. Cada día, al pulsar el botón del ascensor, me maravillaba la altura de los edificios de Nueva York. Por ejemplo, el Empire State Building, que escondía unas indestructibles 60.000 toneladas de acero, 10 millones de ladrillos y 730 toneladas de aluminio y acero inoxidable, se mantenía siempre erguido y orgulloso. Razoné sólidamente que el WTC, al ser más alto, era invencible. Me sentía segura incluso en el piso 12 de Merrill Lynch con el Sr. Dixson, como todos nosotros. Como nuestra unidad se estaba disolviendo, despedirnos fue algo agridulce.

Abrazos De Oso En La Oficina

La mañana de mi último día en Merrill Lynch, cuando llegó el Sr. Dixson, me llamó a su oficina y cerró rápidamente la puerta. En ese momento, no tenía ni idea de lo que estaba pasando; nuestro departamento se ocupaba de los valores extranjeros y me preguntaba si había cometido un error de registro. Su oficina era toda de cristal. Los compañeros de trabajo estaban en un espacio abierto. Todos los ojos estaban puestos en nosotros. De repente, le entregué el regalo que había seleccionado para él y su esposa, como forma de seguir animándolo; pero él lo dejó rápidamente a un lado en el borde del escritorio. Alto y audaz como era, se levantó de su silla y me dio un abrazo de oso. Con eso, supuse que al menos mi trabajo no estaba en peligro.

Con un aire de picardía, me pidió que repitiera el sueño y lo hice. Con su habitual sonrisa de oreja a oreja, se dejó caer en su silla. Se inclinó hacia atrás, cruzó y descruzó los brazos. Con una sonrisa, volvió a agarrarme. Pude ver pura felicidad en él como la que había visto en mi abuelo cuando lo sorprendía en una visita. Su risa contagiosa era tan grande como sus manos gigantescas.

Me reía, aunque no supiera qué era lo que me hacía tanta gracia. Ese momento fue así para mí. "Ahaaa, el Sr. Dixson sólo está haciendo el tonto; siempre se burla de mis sueños".

El Sr. Dixson me miró fijamente, de la misma manera que lo harían Pluto y mi hermana Jerónima después de haberse empapado en el muelle y yo esperé. Entonces, Dixson se levantó de nuevo. ¿Iba a correr? ¿En la oficina? ¿Le había llegado el Espíritu Santo? Eché un vistazo rápido. Sí, todos los ojos seguían mirándonos a los dos a través del cristal. Mientras tanto, trataba de entenderlo todo, cuando de repente me abrazó, repetidamente. Mantenía una amplia sonrisa. Pero no me decía nada. Agotado, pero aparentemente liberado, se sentó por fin y empezó a explicarme fervientemente su emoción. Acercando su silla para mantenerse quieto, dijo, "Tengo buenas noticias".

"Mi mujer, Jeanie, fue a su revisión anual. El médico le hizo un análisis de orina de rutina como parte de la visita. Está embarazada. Aleluya". Me quedé con la boca abierta. Me emocioné muchísimo. Se había cumplido el sueño. Golpeó el escritorio con el puño y volvió a dar un salto. Claramente, fuera de lugar y un poco desequilibrado, volvió a sentarse. Nunca olvidaré cómo Dixson, repetidamente, dio vueltas en la silla de la oficina. La alegría se apoderó de mí. Tuve ganas de unirme a él, pero no lo hice. Estaba muy emocionada por los dos. Fue un momento de unión para mí con esta encantadora pareja. Al salir de su oficina, me tomé la libertad de añadir: "¡Será una niña preciosa! Ya viene". Estuvimos de acuerdo.

Después de haber estado sin hijos durante cinco años, finalmente acabarían con tres nuevas bendiciones. "Recuerden agradecer a Dios. Ha hecho lo que dijo que haría. Aleluya", gritamos los dos. No nos importaba que nos escucharan en la oficina. A estas alturas ya me consideraban una especie de vidente. Rechacé la etiqueta de vidente.

Mi sueño de la devastación del WTC (World Trade Center) estimuló muchas conversaciones en la oficina. Siempre he dicho a mis compañeros de trabajo que sirvo a un Dios grande que cumple grandes promesas. En un abrir y cerrar de ojos, suceden cosas increíbles. Todo eso de la mano de un Padre divino que todo lo sabe.

Tardaría algún tiempo, pero pronto daría la bienvenida a mis nuevas responsabilidades. Sentí que era como un sueño hecho realidad. Centré mi atención en el nuevo trabajo, en el nuevo curso escolar, en los boletines de notas de mis hijos y en disfrutar de mi época favorita del año, el otoño. No sabía que otro sueño se haría realidad demasiado pronto.

Una Visión Que Sería Sorprendente

Era el año 2001, algunos años después. Hacía tiempo que había abandonado el edificio del WFC; y a estas alturas ya estaba asegurada en mi nuevo puesto en el Servicio Postal de los Estados Unidos (USPS). Me destaqué rápidamente en mi nuevo trabajo y me sentí orgullosa de mi progreso. La renovación de mi carrera había sido un acierto. El cambio estaba en el aire y yo acogía el reto. Sin embargo, a menudo me acordaba de mis amigos y de mi antiguo trabajo en el WFC. Mis sueños y visiones anteriores se habían olvidado.

El lunes 10 de septiembre salí del trabajo sintiéndome inquieta. Mi familia me esperaba en casa y el aire acondicionado se sentía bien esa noche; era agradable estar en casa. Tras un rápido saludo a la familia, me apresuré a ir a mi habitación ignorando los gestos bienintencionados para unirme a ella. Sentada en mi cama, me sentí aún más agobiada. No podía librarme de ese terrible desgarro. Me sentía como una mujer que está dando a luz.

Las lágrimas de tristeza me abrumaron. Empecé a llorar incontroladamente y caí de rodillas ante Dios. No podía entender qué pasaba, así que intercedí. Sin embargo, incluso rezando con fervor no obtuve mucho alivio.

Había sido un día inusualmente caluroso en septiembre; y durante mi intenso afán, se produjo una visión. Una visión suele ser más clara que los sueños y revela mucho más. Tal fue el caso en esta ocasión. Vi un hotel, en la zona de la Calle Church en Manhattan, cerca del World Trade Center. Había un caballero (un valet) de pie bajo el toldo verde. Otro estaba de pie frente al edificio. De repente, había una pareja a la que se le hizo pasar rápidamente por las puertas delanteras. Parecían asustados y preocupados, mientras los empujaban rápidamente a un vehículo de forma cuadrada. Mientras pensaba en lo extraño que era esto, escuché en mi espíritu "Es una situación de rehenes". Me alarmé y esperé un mejor resultado en la vida real.

Cuando entré en la habitación para rezar, afuera hacía sol. Recé durante muchas horas hasta que cayó la noche. Finalmente, se hizo de noche y, completamente despierta pero todavía en una visión, estaba mirando por la ventana con vistas al río Hudson. Observé la escena al otro lado del río, las luces brillantes parecían iluminar los edificios. Cerré los ojos para prepararme a rezar. No estaba preparada para lo que vería a continuación.

Más tarde, al anochecer, me liberaron de la sala de oración y fui a comer algo. Mis amigos me dijeron:

"Lourdes, estamos seguros de que Dios le ha concedido su petición, basándonos en la intensidad de sus oraciones", pues me oyeron rezar todo el tiempo. Me dieron ánimos. Sin embargo, no me sentía tranquila. Era una carga inamovible. No tenía sentido. Los detalles de la visión no parecían estar relacionados, excepto el lugar del WTC. La noche transcurrió. No ocurrió nada fuera de lo normal. Todo parecía un mal sueño; lo cual esperaba que fuera.

No Era Una Película De King Kong

Mis recuerdos de Merrill Lynch se reservan como una buena experiencia. Había terminado mi formación en la oficina de correos y en esta mañana en particular, al girar mi calendario, se leía martes, 11 de septiembre de 2001. Era un día claro; pero ahora, mirando hacia atrás, muchos coinciden en que había "algo" acechando en la atmósfera. Ni los sueños ni la visión de la escena de los rascacielos derrumbados sobre el Hudson, ni la escena del secuestro en el hotel de la Calle Church de Manhattan, cerca del World Trade Center, me prepararon para lo que ocurriría ese día. Años antes, los compañeros de trabajo se habían hecho eco de pensamientos escalofriantes cuando había estallado una segunda bomba; pero hoy, lo increíble estaba a punto de suceder.

Terminé mi taza de té y repasé mi agenda. Era el descanso de la mañana, alrededor de las 9:00 am en Nueva York. Todo el mundo tenía que ser puntual en el USPS, así que me apresuré a ir a la cafetería. Escuché una charla apagada sobre el WTC y luego me fijé en un grupo de empleados que miraban atentamente por las ventanas. Ninguno de nosotros podía comprender o articular lo que estaba sucediendo. Parecía que estaban haciendo otra película de King Kong, pensé en voz alta.

Un trabajador que estaba a mi lado me maldijo en su agonía; pronunciando palabras increíbles: "¡No es una película!" Mis oídos se entumecieron. Sólo pude ver su gran lengua roja y sus dientes fruncidos.

Al girarme y mirar por la ventana, noté que había un fuerte humo en el aire. Sin saber lo que había ocurrido, pensé que los fragmentos que caían de las ventanas del WTC eran trozos de papel. Sin embargo, en cuestión de segundos, mi visión se aclaró. Me di cuenta de que eran cuerpos de personas. ¡La gente estaba saltando por las ventanas!

Estaba aturdida. La visión era surrealista. Al darse cuenta de la gravedad de la escena, alguien gritó: "¡están saltando y cayendo!" Los números no se podían contar. Comenzó un efecto dominó de histeria que resonó en todo nuestro edificio. Todos nos empujamos para ver más. Me sentí pequeña e impotente. Nos limpiamos las lágrimas y vagamos aturdidos. La escalofriante escena parecía no tener fin. ¿Qué era lo siguiente? No lo sabíamos.

Luego, el segundo avión se estrelló contra el costado del edificio a las 9:05 am; la explosión fue tan grande que todo lo que vimos fue una gigantesca bola de fuego. ¡Oh, Dios mío! No podía asimilar la visión; mis ojos y mi mente no creían lo que estaba viendo. Era la advertencia de mi sueño de 1989. La fecha de hoy era el 11-09-2001. Algunos nos arrastramos, nos desplomamos, entramos en pánico y gritamos. Todavía en la ventana, yo era un desastre emocional. Con el codo apoyado en las mejillas y los pies apoyados en el suelo. No voy a "perderlo", pensé, pero lo hice.

Más tarde, llamamos a nuestros seres queridos para informarles de que nuestro edificio no había sido atacado. Fue un gran alivio poder hablar por fin con nuestra familia, pero pasaría algún tiempo antes de que nos sacaran a todos a salvo del edificio. Las autoridades nos advirtieron de que podíamos ser los siguientes en ser atacados. "¡Salgan del edificio, salgan del edificio ahora!", sonó por el intercomunicador. Los que podían correr lo hicieron, los demás fueron escoltados a un lugar seguro.

En el camino, escuché más malas noticias. El vuelo 11 se estrelló contra la Torre Norte del World Trade Center y la Torre Sur del WTC se derrumbó. El Vuelo 77 fue secuestrado y el Vuelo 175 se estrelló contra la Torre Sur del World Trade Center. Desafortunadamente, el Vuelo 93 también fue secuestrado. Ni siquiera las visiones que tuve pudieron haberme preparado para los horrendos e impactantes eventos. Un reportero recapituló: "Se perdieron muchas vidas. Es increíble". No pude contener las lágrimas al pensar en los aviones secuestrados y en aquellos que no volverían a ver a sus seres queridos. Aquello tendría un tremendo impacto en mi corazón durante muchos meses, incluso años.

Exasperada, me apresuré a caminar desde la 9ª Avenida y la Calle 33 hasta la 3ª Avenida, para tomar el autobús hacia el centro. Al llegar a la esquina, el Señor me dijo, "Hoy han pasado 12 años y el sueño se ha cumplido". Esta fue una revelación inesperada. No me acordaba del todo hasta que Dios imprimió ese detalle en mi mente. Mi reacción fue: "¿Qué sueño?" Levanté la vista y me di cuenta de que estaba en el cruce de la Calle 33 y 3ª Avenida. Una escritura en particular me vino a la mente mientras cruzaba la calle. Jeremías 33:3: *"Clama a mí, y yo te responderé, y te enseñaré cosas grandes y ocultas que tú no conoces"*. Era un momento en el que todos invocaban a Dios y yo no era una excepción.

En el viaje en autobús, la gente lloraba, estaba aturdida y los niños estaban desconcertados. Había tensión, miedo y angustia que inundaban las conversaciones, todo a la vez. Mientras escuchaba, tratando de atar cabos, llegué a mi parada, pero mentalmente no podía moverme. De alguna manera, mis pies entraron en el pasillo y me guiaron. Todavía podía oler el hedor de los escombros. Era el olor de la muerte. Seguimos caminando, mis pies y yo. La comodidad de mi sofá parecía tan lejana; pero lo lograríamos. Dependía de Dios y lo invocaba según las escrituras. Cuando finalmente llegué a la entrada de mi casa, dejé escapar un suspiro de alivio. Todos estábamos bien, a salvo y en tierra. Me abracé a mí misma.

Mi familia me cubrió de lágrimas y palabras de agradecimiento. Estaban al tanto de las deprimentes noticias. En medio de eso, comentaron mi afanosa oración de la noche anterior. Para nosotros, estaba relacionado. Todos estábamos asombrados por la manifestación. Ellos también tuvieron que recurrir a la fe, la única fuente de paz que todos teníamos. En ese momento no sabía cómo se alinearían las piezas con los sueños y visiones que tuve en 1989. Reviví la escena de la gente saltando del WTC a lo largo de esa noche y de muchas más. No creí que pudiera olvidar nunca la complejidad de aquel día.

Incluso ahora, mientras escribo mi historia, ese día—mirando por la ventana de USPS—sigue siendo muy real. Es como si hubiera sido ayer. Recordar los detalles todavía me hace sentir humilde. Más de 2.606 personas, que estaban en el World Trade Center y en los alrededores, perecieron a pocas manzanas de mi anterior lugar de trabajo.

Creo que las interpretaciones de mi sueño y mis visiones fueron las siguientes:

La bomba y la habitación llena de agua representaban las toneladas de agua utilizadas para extinguir el fuego y los explosivos.

Los escombros en los marcos de las ventanas: los fragmentos de ladrillo y mortero intrusos procedentes de los edificios en llamas.

La destrucción: vidas humanas que se destruyeron en el edificio del World Trade Center, en los alrededores y en los aviones.

Los rayos excesivos: el fuego abrasador del World Trade Center, de otros edificios y de los aviones.

Los rehenes: atrapados a bordo de los aviones.

Es posible que las dos bombas cerca de mi edificio de oficinas fueran colocadas como prueba o advertencia sobre el desastre que se avecinaba, que resultó ser los atentados del 11 de septiembre. El recuerdo todavía nubla mi mente y tocará para siempre lo más profundo de mi corazón. Estoy siendo transparente al escribir este libro. Es un relato honesto de lo que yo y tantos otros vivimos, todavía entristecidos por la pesadez y la visión de la pérdida de vidas en el 11 de septiembre. Este terrible día impactó al mundo. Lo que me ayuda a afrontarlo es mi relación con mi Creador y mi fe. La omnipotencia de mi Señor, el Dios todopoderoso, omnisciente y siempre presente sigue siendo mi consuelo diario.

Habían pasado varios años; y mientras estaba asegurada en mi nuevo puesto en el USPS, me mantuve deliberadamente ocupada, consciente de que la vida nunca se normalizaría. Seguí sintiéndome orgullosa de mis progresos, sobresaliendo en mis nuevas responsabilidades.

Capítulo 11

Ministerio En El Tren Nocturno

Bale Jr. (no es su nombre real) fue mi amor durante varios meses y pensé que duraría para siempre. Pensaba que él era mi Boaz, mi caballero de brillante amor. Resultó ser todo lo contrario. La falta de comunicación y la infidelidad empezaron muy pronto; pero yo seguí en la relación, aunque no estábamos de acuerdo como deberían estarlo dos creyentes.

Mis esfuerzos por amar y ser amada continuaron, pero nunca fueron apreciados a pesar de mi fidelidad. Bale no creía en Dios como yo, por lo que las devociones y meditaciones le eran ajenas. Nos fuimos distanciando. Como las oraciones no parecían tener respuesta, sentí que había decepcionado a mi primer amor, mi Dios; pero había una parte de mí que no podía dejarlo pasar. Sintiéndome culpable, me arrepentí mucho. En el ínterin, para llenar un vacío y mostrar mi obediencia a mi Padre celestial, comencé a repartir folletos del ministerio y a decirles que Jesús los ama y que va a volver pronto. Pude escuchar una voz que decía, "Está en un yugo desigual en su relación con Bale Jr."

Antes de irme a trabajar esa noche, Él dijo "Antes de que termine la noche, le confirmaré mi palabra". Me vino a la mente 2 Corintios 6:14: *"No os unáis en yugo desigual con los incrédulos; porque ¿qué compañerismo tiene la justicia con la injusticia? ¿Y qué comunión la luz con las tinieblas?"* Para mí, fue un recordatorio y una promesa de cuidar de mí, mientras me reajustaba a Su plan para mi vida—ser un discípulo que difundiera las buenas noticias.

Trabajar en el turno de la noche me dio otra oportunidad para realinear mi camino con mis raíces, es decir, mi creencia en Cristo. Los folletos del ministerio no sólo eran motivadores, sino que también confirmaban el Evangelio de Jesús, Cristo. Muchos de ellos transmitían el mensaje de la salvación, la resurrección y el fin de los tiempos; así que leía la Palabra a la gente: "Jesús es el Señor. Vuelve para salvar a su pueblo". Estaba convencida de que se me había ordenado hacer este anuncio. Noche tras noche, yo "asaeteaba" con mi voz en los pasillos del tren: "Jesús va a volver pronto". El Señor me aseguró lo mucho que me amaba y que la escritura se cumpliría. Mi ministerio nocturno en Manhattan ganó muchos seguidores y algunos esperaban que trajera una "palabra" directamente del cielo específicamente para ellos. Trabajar para el Reino y ganar almas era gratificante. Sentí que Dios estaba complacido; y esto me llevó a creer que tenía la fuerza para salir y permanecer fuera de la relación tóxica. Después de un tiempo, ya no anhelaba la atención ni extrañaba a B.J. Nos habíamos separado para siempre. Por fin llegó una vida de paz.

La vida avanza con facilidad cuando somos obedientes a Su llamado. En retrospectiva, veo lo perfectamente que todo había funcionado. Este hecho me sería confirmado divinamente, alto y claro, algún tiempo después. El Espíritu Santo estaba prestando atención, aunque yo no lo hiciera. Ningún pasajero era inaccesible. Además, era el amor el que me empujaba.

Noche tras noche, al llegar al andén del tren, mi mano se llenaba de una nueva variedad de folletos de colores. Comenzaba mi distribución habitual, sin que me molestaran los que rechazaban mi generosidad. Cuando eso ocurría, sentía que había otras fuerzas negativas en juego y me decía en voz baja: "¡Eso era sólo Satanás!" Sin embargo, algunas reacciones me ponían un poco nerviosa e incluso me intimidaban, ¡pero sabía que Dios estaba conmigo!

Mientras viajaba en los trenes, siempre parecía haber un asiento reservado para mí. En esta noche en particular, cuando nos acercábamos rápidamente a la parada en la que tenía que hacer un transbordo, me levanté y me agarré al poste. No hay tiempo para hacer ningún reparto, pensé. De repente, escuché la voz del Señor claramente exigiendo: "¿Va a desobedecer y no distribuir los folletos?" A lo que respondí: "Señor, por favor, ayúdeme; deme el valor para hacerlo" y de repente sentí como si unas alas gigantescas estuvieran pegadas a mi espalda y una fuerza creciente me invadió y comencé a distribuir los folletos de un extremo a otro del vagón.

Un saludo genuino abre muchas puertas. Hablé en voz alta: "¡Jesús lo ama y va a volver pronto!" Todavía en el tren y girando hacia mi izquierda, repetí las palabras, pero esta vez en español. Simultáneamente, el esposo de una pasajera exclamó con voz potente: "¡Gloria a Dios!". Se convirtió en el ministro de medianoche. "Levanten las manos hacia el cielo", dijo. Yo conocía ese tipo de voz autoritaria. Con mis maletas en el asiento, formábamos una gran escena.

"¡Dios está confirmando su palabra para usted esta noche!" Me dijo. "Esa relación en la que está involucrada, debe dejarla, ¡porque Dios la bendecirá!" Me confirmó. Este poderoso hombre de Dios, en el tren que se dirigía a la Estación Penn de la Calle 34 en Manhattan, había "¡¡¡leído mi correo!!!" Ahora, con toda mi vida personal al descubierto, ¡se acabó seguro! Pensé para mis adentros.

No más carga emocional ni apego a B. J. ¡Alabado sea Dios!

No hace falta decir que estaba maravillada con Dios. Si recuerda al principio de la historia, Él prometió confirmarme su palabra antes de que la noche terminara, y así fue.

Este poderoso hombre latino fue audaz y tranquilizador. Estaba complacida, ya que Dios continuó diciéndome que había observado y apreciado mi persistencia. Así que continué alcanzando, distribuyendo y animando a la gente en mi viaje en tren, a veces incluso perdiendo mi propia parada. A decir verdad, mi enfoque era ayudar a otros y tocar su corazón con algo que leer. Los tratados ministeriales eran útiles trozos de papel en miniatura. Algunos con dibujos animados y otros con dibujos y escrituras en ellos. Simplemente, una forma práctica de decir "Lo Quiero" o de tener un buen día.

Las Citas

Bale y yo seguíamos trabajando en el mismo lugar y por desgracia para mí, tenía que pasar por su puesto de trabajo de camino al mío. Una mañana, al pasar por su puesto, la curiosidad empezó a apoderarse de mí y pensé en pasar y hablar con él cuando, de repente, el Señor me habló, "¿Vas a desobedecer mis órdenes?" "No os unáis en yugo desigual". La voz del Señor fue tan fuerte que, créame, me alejé rápidamente de su zona y más tarde renuncié a mi puesto, porque no quería arriesgarme a desobedecer a Dios. Después de ese incidente, ya no había ningún deseo de estar con Bale. A menudo transmito en mis enseñanzas la importancia de obedecer a Dios. Él sabe lo que es mejor. Estar en yugo desigual con alguien que no tiene la misma creencia y mentalidad que usted, puede llegar a ser muy estresante. Siempre habrá discordia y desacuerdos. Incluso en las buenas relaciones, hay momentos en que tenemos desacuerdos. La Biblia en el Libro de Amós 3:3 dice, *"¿Andarán dos juntos, si no estuvieren de acuerdo?"* En las relaciones íntimas, debe haber acuerdo. De lo contrario, la relación se verá invadida por el conflicto.

Estudio De La Biblia En El Tren

Era un viernes por la noche, este viaje en tren en particular marcó el comienzo de algunas nuevas aventuras verdaderamente estimulantes. Durante más de un año, recé con el grupo habitual para los recién llegados a nuestro viaje. Recuerdo un día que viajaba desde el Bronx hacia Manhattan y mientras ministraba y empezaba a distribuir biblias; para mi asombro, cada persona abrió su biblia y empezó a leer en voz alta conmigo. Era como una escena en una iglesia. Después de ministrar, llamaba a cualquiera que deseara hacer de Jesús su Señor y Salvador y créalo o no, las personas levantaban sus manos como yo les indicaba. Oré por cada uno de ellos allí mismo. Servir a Dios es una bendición increíble que cambia la vida. No se imagina el hambre que tenía la gente por la Palabra de Dios durante el día. Hubo tantas historias de las bendiciones de Dios sobre la gente, pero aquí he compartido sólo algunas.

Una Bolsa De Regalo Para Un Enfermero

Era la mañana de Navidad y yo estaba en mi ruta habitual, esperando encontrar a alguien a quién animar. Al principio, cuando entré en el tren, un hombre se sentó frente a mí. Parecía infeliz. Había preparado unas bolsas de regalo que contenían calcetines, bufandas, biblias y golosinas. Cuando entré en el tren, pronto reconocí a los que estaban cerca y comencé a ministrar sobre el amor de Dios. Después de todo, nos acercábamos a un nuevo año, y era un buen momento para reflexionar sobre cómo Dios nos había llevado a todos durante el año anterior. Mientras procedía a repartir mis bolsas de regalos a las personas que se mostraban receptivas, me di cuenta de que algunas se quedaban sin palabras. Más tarde tendría que hacer un trasbordo para continuar mi viaje, así que estuve pendiente del tiempo y me mantuve atenta a mi parada. Dar regalos era tan divertido que mi atención se desconcentró.

Cuando volví a sentarme, había una bolsa de regalos que sobraba. El Señor me indicó que se la diera al hombre que aún parecía abatido. Me di cuenta de que uno nunca sabe qué estado de ánimo puede tener una persona. Así que, acercándome a él, lo saludé y le entregué mi última bolsa. Le dije "Dios lo ama" y le deseé una feliz Navidad. Fue un simple gesto de amabilidad. Aceptó con amabilidad mi oferta y empezó a hablarme abiertamente. Tenía muchas heridas y decepciones. Continuó explicando que iba de camino al trabajo y que era enfermero en un hospital cercano. Me contó que se estaba recuperando de una grave operación. Después de haber pasado por tantas cosas en los últimos meses, sentía mucha tristeza y soledad, aunque tenía una buena relación con su novia y una gran carrera.

Sin embargo, continuó diciendo que son las fiestas y nadie le había hecho un regalo. Sintió que ni siquiera había escuchado "Feliz Navidad" de ningún miembro de la familia, ni siquiera de su madre. Unas lágrimas inesperadas brotaron de sus ojos. Las secó con cuidado. Le aseguré que Dios lo amaba. Estuvo de acuerdo conmigo en que Dios envió a una perfecta desconocida (yo) para bendecirlo con un simple regalo.

Al salir hacia mi viaje de ida y vuelta, recordé que nadie sabe por lo que está pasando una persona (ni siquiera un profesional del campo de la medicina) hasta que la encontramos de cerca, Dios lo sabe todo y siempre envía a sus discípulos con un mensaje.

Lágrimas Detrás De Los Lentes De Sol

Cada vez que salgo, el Señor me dice de qué tema debo hablar. A menudo no preparo un mensaje desde casa, porque el Espíritu Santo me guía. Él sabe lo que se necesita en ese momento.

Aquí estaba yo, ministrando sobre las relaciones infieles y dándome cuenta de que las mismas personas en las que necesita confiar son a menudo las que lo traicionan. En medio del mensaje, una señora se levantó llorando muy fuerte, se acercó y me pidió que orara por ella. Me abrazó durante unos cinco minutos y lloró de forma tan incontrolable que mi espalda se empapó de sus lágrimas. Su historia era que acababa de volver a casa después de esperar en el andén del tren porque había olvidado algo y para su sorpresa, encontró a su esposo en la cama con su prima. Estaba tan desolada, que cuando escuchó el mensaje, se quebró porque se aplicaba a ella. Señaló que la razón por la que estaba usando esos lentes de sol inusualmente anchos era para taparse los ojos y que nadie la viera llorar. Le aseguré que Dios conoce su dolor y que la liberaría. Nuestro Dios es misericordioso.

Un Sucio Abrazo De Año Nuevo

Con manos temblorosas, levantó con cuidado la taza de café manchada hasta sus labios resecos. Subí al tren con un fuerte saludo: "¡Buenos días, señoras y señores! No quería asustarlos. Por favor, no hace falta que se levanten". Mantuve un tono agradable y no amenazante. Me puse delante de él y le dije, "Apuesto a que el café sabe bien". Asintió despreocupadamente, sin dejar de mirar al suelo, rebotando al ritmo de los rieles. Me di cuenta de que los demás me escuchaban con atención a mí, la habladora, en nuestro tranquilo viaje matutino. Incluso él estaba probablemente un poco avergonzado. Ambos tratamos de ignorar las miradas de desaprobación de los espectadores. No pude evitar notar que su rostro parecía marchito, seco y arrugado, casi fosilizado. Imaginé que debía de tener unos cincuenta años. Viviendo en el frío extremo, sin duda se calentaba en el tren. Temblando de hipotermia, intentó calentarse una mano en su bolsillo roto. El abrir y cerrar de la puerta del tren no ayudaba. Qué tristeza, pasar frío y no tener hogar en Año Nuevo.

Era consciente de que no sólo las manos, sino también los pies e incluso las orejas pueden verse muy afectados en caso de temperaturas extremadamente frías. El hombre estaba usando una gorra verde, pantalones caquis desteñidos y sueltos, una camisa oscura y botas militares usadas; y no podía creerlo, no tenía orejeras. Por el momento, estaba algo protegido; pero sus manos necesitaban guantes. Se mantuvo alerta, sentado en el borde del asiento vigilando al personal de seguridad por si tenía que salir del tren. Ninguno de los espectadores podía entender por qué un día sí y otro también estaba a bordo, esperando una limosna; pero allí estaba, sin explicación de su excéntrico comportamiento. Estaba claro que era un inconformista. No quería ser como los demás. En cambio, sus prisas por entrar y salir del tren estaban predestinadas. Me quedé en silencio durante un rato, pensando y recordándome a mí misma que debía estar agradecida. De repente, mis calzoncillos largos, de algodón (pero femeninos), cuidadosamente escondidos, se sintieron más cálidos. Sabía que este desconocido no estaba usando ninguno. Umm, Señor, ¡Ten Piedad!

Ser un indigente intencionado, estaba más allá de mi comprensión. Las miradas de los demás confirmaron mis pensamientos, pero yo tenía una misión. ¡Hacia la salvación! Que miren. Para contrarrestar las miradas, les devolví la mirada.

Levanté la voz un poco más y dije, "Saben, Jesús los ama". Allí estaba yo, en el tren de nuevo, decidida a ser una voz en "el desierto" mientras ministraba. Decidí hablarle suavemente al vagabundo, cuando el Señor me dijo que le diera algo de dinero, tal vez para guantes, esperaba. Siempre guardo un dólar o algo de cambio en el bolsillo exterior de mi bolso; pero saqué un billete de $20,00 y se lo entregué. Cerró la mano rápidamente sin mirarlo. "Sabe que Dios lo ama y lo cuida", le dije. Con la cabeza aún inclinada, abrió lentamente sus manos congeladas y preguntó en voz baja, "¿Todo esto es para mí?" "¡Sí! Es todo para usted". Dijo que nunca antes había recibido una suma de dinero tan grande de nadie; y añadió, "Siempre apreciaré este momento". Finalmente levantó la vista y me dijo su nombre. En ese momento me llené de una compasión y un asombro sobrenaturales y alabando a Dios, me sentí impresionada por abrazarlo, con sombrero de calavera verde y todo—pero dudé. No tenía la costumbre de abrazar a desconocidos—para eso haría falta una verdadera intervención divina. Era un pensamiento incómodo, así que no pensé más. De todos modos, pronto llegaría a mi parada.

¿Creería que de repente preguntó, "Puedo abrazarla"? Vaya, a estas alturas los ojos de todo el mundo estaban puestos en nosotros. Respondí: "Claro" y mientras le devolvía el abrazo, el público del tren de la mañana aplaudió al unísono. Un pasajero que había observado con recelo todo ese tiempo, gritó ahora desde el otro extremo del pasillo, "¡Eso es Dios!" "¡Eso es amor!" ¡Vaya! ¡Jesús está aquí! Una parte de la multitud que estaba de pie y otra que se marchaba, estaba emocionada, extasiada y seguía aplaudiendo.

Antes de salir del tren, el pasajero del final del vagón estaba abrumado con la muestra del amor y la compasión de Jesús y comenzó a confesarme sus faltas. Me dijo que era un reincidente y quería que rezara por él para que volviera a Jesús. Lo hice y se emocionó, derramando lágrimas. ¡Sólo Dios!

El Espíritu Santo había calentado y unido nuestros corazones, a pesar de nuestros diferentes caminos (el mío y el de Orlando). Esto me recordó una enseñanza bíblica más. Según Mateo 9:36, Y al ver las multitudes, tuvo compasión de ellas; porque estaban desamparadas y dispersas como ovejas que no tienen pastor. Dios se preocupa por la gente. No es su deseo que ninguno perezca, sino que todos vengan al arrepentimiento. Pronto se me presentarían muchas más oportunidades de ser guiada por el gran amor de Dios. Viajaría a las Antillas y a Europa, donde los deseos de mi corazón se harían realidad. La nueva oportunidad me llevaría a reencontrarme con anteriores compañeros de ministerio.

Capítulo 12

Mi Camino A Europa: Países Bajos

Había conocido a mi amiga Jacqueline varios años antes en Jamaica y, por lo tanto, me entusiasmaba volver a verla al llegar a los Países Bajos. Era la primera vez que viajaba a Europa y sabía que íbamos a disfrutar de nuestro tiempo juntas. Al embarcar en el segundo avión, tomé un asiento del lado de la ventana — me encantaban los asientos al lado de la ventana porque me daban la oportunidad de mirar al cielo. Estaba a la expectativa de los poderosos milagros que Dios haría.

Planeamos asistir juntas a una gran conferencia del "Espíritu Santo", pero pronto nos enteramos de que se había cancelado. Para no desanimarse, me pidió que enseñara un estudio bíblico con un grupo de personas de la iglesia local. Yo estaba preparada.

Guiada por el Espíritu Santo mientras estaba en Nueva York, había seleccionado tres esquemas de sermones y llevé uno de ellos a la reunión. Nadie los había visto antes. Cuando llegué a la iglesia, Jacqueline me presentó y nos dimos la mano con el pastor. Acababa de regresar de su viaje a África, así que decidió sentarse con sus miembros. Estaba entusiasmada por llevar el mensaje. Oré y comencé mi tema sobre los Dones Espirituales a partir de mi esquema. Enseñé lo que Dios me había impartido con fervor. No sabía que este tema estaba conectado con una enseñanza anterior hecha por el pastor. Continué en lo profundo de mi mensaje.

En un momento dado me di cuenta de que la gente se miraba con expresiones de desconcierto. Rápidamente estudié sus rostros. Parecían incómodos e incrédulos. Tuve la precaución de dar referencias bíblicas para corroborar mi mensaje. Continué un rato más y luego me dirigí al escenario.

Sin saber por qué el público parecía perturbado, me uní a Jacqueline en el banco. Finalmente, el servicio de la iglesia terminó y poco después, nos enteramos por un individuo de lo que significaba la perturbación y la naturaleza aparentemente sospechosa de la gente. Nos informaron de que el lugar en el que yo había comenzado mi mensaje era exactamente el mismo en el que el pastor lo había dejado. Esto explicaba las miradas de desconcierto de la gente. Les aseguré que yo no había estado en su reunión anterior, ni había estado en contacto con otros miembros de la iglesia. Pronto el propio pastor se dirigió a mí con la misma acusación y sospecha, para mi sorpresa y decepción.

Mi Corazón Se Entristeció

Él creía que yo había robado su mensaje. Cuestionó cómo había sabido enseñar sobre el tema de los Dones Espirituales. ¿Cómo? Sólo pude pensar, "el Espíritu Santo". Desafortunadamente, el pastor y los miembros pensaron que alguien me había dicho previamente de qué hablar ese día. De alguna manera, ellos (los creyentes), no parecían comprender que Dios me inspiró a mí, una total extraña, antes de llegar a los Países Bajos. A pesar de mi insistencia, al pastor le resultó difícil aceptar mi respuesta. Sus palabras de duda me hicieron ver su inseguridad. Sus acciones fueron incómodas y lamentables. Fue muy decepcionante y triste verlo actuar de esa manera. En ese momento, no parecía que estuviéramos de acuerdo, sirviendo al mismo Dios amoroso. Las enseñanzas basadas en las Escrituras, las profecías y las palabras de conocimiento, pronunciadas incluso por una mujer piadosa, eran demasiado para aquellos "cristianos". Me reconfortó saber que fue el Espíritu Santo quien me había preparado y enviado allí desde Nueva York. Había traído un mensaje oportuno para compartir con el Cuerpo de Cristo. Más tarde me enteraría de que la iglesia ya estaba bajo mucho escrutinio y en discordia. En consecuencia, la gente tenía dificultades para confiar en alguien — incluso entre ellos. Jacqueline y yo nos miramos y supimos que era hora de irnos. No es necesario decir que nunca volvimos a esa iglesia.

Les deseé lo mejor al pastor y a su rebaño; pero seguí adelante, llevándome mis esquemas. Mi pensamiento era: "Dios es Dios por sí mismo", "no hay necesidad de robar un sermón". Sabía que era guiada divinamente y esto me reconfortaba. Había hablado en mi defensa de forma ordenada; pero aprendí una valiosa lección.

Cuando Dios le habla y le da una palabra o un mensaje, nunca debe dudar. No se deje intimidar. Compártalo; aunque nadie le crea. El que lo ha enviado cree en usted.

Durante los siguientes días de mi estadía, Jacqueline y yo visitamos las casas de unos amigos. Afortunadamente, recibieron mi ministerio sin rechistar. Había libertad y un impresionante flujo del Espíritu de Dios. Al recordar la actitud irracional del pastor y la reacción de sus ovejas, sigo orando por su madurez. Quedaría como una lección inolvidable, que me prepararía para desafíos y rechazos similares en el ministerio.

Vendar A Los Heridos

Ese primer viaje a los Países Bajos fue en el año 1998; ahora, años después, mi amiga nos extendió otra invitación a mis pastores y a mí. Mi amiga pastorea una iglesia en los Países Bajos y nos pidió que participáramos en una conferencia que había planeado. Durante la semana compartimos la Palabra de Dios y muchas personas se animaron.

Yo había preparado una danza de adoración para presentarla durante el servicio del domingo. La canción fue única y edificante, envió un mensaje a toda la sala. Hubo un ministerio especial para una persona en particular—alguien a quien Dios vio como hermosa.

Tenía una rosa fresca escondida en mis manos y mientras bailaba el Señor me instruyó para que llamara a una joven que no conocía previamente. Cuando ella salió al centro de la sala, el Señor me dijo, "Dígale que esta canción está dedicada a ella". Así lo hice y comencé a bailar con la rosa en mis manos cerradas. Al final de la presentación, abrí las manos y le entregué la rosa. Su rostro se iluminó y los santos exclamaron asombrados. ¡Yo no sabía de qué se trataba, pero entonces el pastor me explicó que la joven se llamaba Rose que en español quiere decir Rosa! ¡Vaya! En este momento de su vida, ella necesitaba ánimo. Los santos comenzaron a adorar a Dios y a reconocer su increíble acto de amor hacia ella. Sólo Dios sabe cuáles son nuestras necesidades.

Le digo la verdad, mi corazón se alegró al saber que Dios es un Dios tan creativo e inspirador. No importa lo lejos que esté, Dios siempre enviará ayuda. Me sentí como si hubiera realizado una gran tarea para el Señor, porque Él se preocupa tanto por las almas; se mueve con compasión cuando ve a alguien necesitado. Tiene un corazón tierno y siempre está dispuesto a vendar las heridas de la gente y a curar los corazones rotos.

Dios Concedió El Deseo De Mi Corazón

El deseo de volar en primera clase siempre estuvo en mi corazón. Antes de viajar a Europa, siempre pensé que algún día volaría en primera clase a mi país, Panamá. Pensaba que eso sería genial, ¡hasta mi viaje a Europa! Mis pastores me dieron el sueño de mi vida, ¡volar en primera clase! Que el Señor los siga bendiciendo y que sigan experimentando el favor del Señor en sus vidas. ¡Esto es lo que yo llamo viajar con estilo! Permítame describirlo.

Viajé en un avión jumbo, en la sección de primera clase. Esto no fue como viajar a Panamá, donde la sección de primera clase estaba bloqueada por una pequeña cortina. Cada persona tenía un cubículo con una pantalla de televisión; el asiento se reclinaba como una cama. Pudimos dormir bien. El vuelo duró unas 8 horas.

La azafata nos trajo el periódico que habíamos elegido, a los pastores y a mí nos dieron el menú. Cuando nos sirvieron el aperitivo, la azafata esperó amablemente para retirar los utensilios y traer el plato principal. Recibimos toallas calientes para limpiarnos las manos. Nos atendieron muy bien.

El paquete completo incluía un kit de cuidados que contenía zapatillas, pijamas y todo lo que necesitábamos. La amabilidad del pastor hacia mí fue un recordatorio de que Dios envía personas a nuestras vidas para bendecirnos y revelar la manifestación de sus promesas. Esta experiencia fue una demostración de Su amor incondicional que se infiltra en nuestras vidas. Sólo el Dios al que sirvo sabría cómo cumplir los deseos de mi corazón.

Mucho más gozo vendría a validar el plan de Dios para mi vida.

Mi Ordenación

Poco después de mi regreso de mi viaje a México, el Señor me bendijo y me estableció en el ministerio. Fui ordenada. La ceremonia fue inolvidable. Todos los rechazos del pasado no importaron ese día.

Mi ordenación fue una prueba de la verdadera palabra de Dios para mí: *"El que te llama cree en ti"*, a pesar de que hay momentos en nuestra vida en que la gente no nos acepta por lo que Dios dice que somos.

Hasta ese momento, había experimentado el rechazo en muchos niveles, no sólo en mi vida personal sino también en mi papel como ministro de alcance y evangelista. Los rechazos pueden causar un retraso en el progreso, pero, para mí, la esperanza y la validación aparecieron como dos instrumentos extraordinarios y ungidos.

Ahora los llamo mis pastores—el Apóstol Dr. Roberto H. Robinson Sr. y la Dra. Mónica Robinson. Son líderes muy respetados en el Cuerpo de Cristo. Me recibieron con los brazos abiertos cuando venía a visitarlos antes de ser miembro de la iglesia. El apóstol me profetizó diciendo, "Vas a salir", lo que significa que era mi momento. Finalmente decidí hacerme miembro de la Iglesia de la Restauración de la JCA. Como es tradicional, me dieron la mano derecha de la comunión. Fui aceptada, no sólo por los pastores, sino por la congregación como quien Dios dice que soy. Esto me abrió muchas oportunidades de ministerio de sanación. Después de la ceremonia, me sentí asentada y contenta. Podía evangelizar más, al estar oficialmente ordenada y con licencia. Fui edificada y animada por la Palabra de Dios que se predicó. A menudo doy gracias a Dios por mis pastores, por creer en mí y su obediencia y fidelidad.

Capítulo 13

El Viaje Misionero A Trinidad Y Tobago

Me invitaron a viajar a las islas gemelas de Trinidad y Tobago con un equipo misionero popular y acepté. Nuestro tiempo en Trinidad fue otra hermosa aventura con el pueblo de Dios. Mientras estuvimos allí visitamos muchos lugares exóticos.

Ministramos en varias iglesias bajo el liderazgo de la apóstol Mason, la fundadora de Global Harvest International Ministries. Ella es conocida por operar en la demostración de los dones milagrosos del Espíritu Santo.

También visitamos a una hermana muy respetada en el Señor. Ella invitó a muchas personas que vinieron a nuestros servicios. Cada uno de nosotros ministró una palabra de exhortación a la gente. También distribuimos tratados en varias ciudades.

Disfrutamos de muchos momentos de diversión. Visitamos el Lago Pitch al que se refieren como la octava maravilla del mundo y que atrae a muchos turistas. Se dice que las aguas del lago tienen propiedades curativas y mucha gente se da un chapuzón en ellas para aliviar los dolores. También recorrimos la zona comercial y dimos un paseo hasta una colina desde donde obtuvimos una pintoresca vista de toda la isla.

Otro día tomamos el ferry a Tobago, una isla preciosa, rodeada por las aguas cristalinas del mar Caribe. Parte de la experiencia en Tobago fue un lugar en medio del mar llamado "La Piscina de Nylon". Viajamos en barco hasta un lugar ubicado a unos 45 minutos de la costa y luego, en medio del mar, el barco anclaba y se desembarcaba en el agua cristalina. La Piscina de Nylon es una piscina de coral y el agua llega hasta la cintura. Aproveché esta maravillosa experiencia para exfoliarme y remojarme en el agua caliente. Al cabo de un rato, la marea subió y el agua me llegó al cuello. Seguí disfrutando, salpicando el agua sobre mi cabeza. Fue una experiencia única.

Capítulo 14

Viaje Misionero A Las Islas Vírgenes

La Oficial De Policía Y El Azul Profundo

Siempre me han atraído las hermosas aguas azules del mar; por lo tanto, tomé unas vacaciones a San Juan y Santo Tomás en las Islas Vírgenes. Tenía un muy buen amigo cuya familia vivía allí, así que me permitió visitarlos y quedarme con ellos. Fueron muy hospitalarios; fue una bendición. Fue un viaje muy divertido y su hermana, que es policía, me llevó a una gran excursión y también a la playa. No pude evitar admirar su enfoque y su compromiso de servir a la gente de las Islas Vírgenes. Mientras íbamos de paseo, me habló de los peligros del trabajo, pero me dijo que era el sueño de su vida. Habló de su función de proteger a los ciudadanos, tan intensamente como yo lo hice sobre el ministerio y prometió que la próxima vez pondríamos los pies en el agua azul profundo juntas. No se quedó porque estaba de servicio, así que me dejó salir del auto y se despidió con la mano. Arrojé mi nueva bolsa de paja y mis lentes de sol sobre la suave y colorida manta de rizo y me senté al sol.

Me quité las sandalias entonces la arena blanca y granulada me hizo cosquillas en la planta de los pies cuando me metí en el agua azul. No pude resistirme a ponerme en cuclillas y empapar mi ropa. Me sentí bien, pude respirar sin esfuerzo. Los ataques de asma habían desaparecido para siempre. Dios me había curado hacia ya mucho tiempo. Me sentía libre. Estar en el océano en las Islas Vírgenes se sentía casi tan refrescante como bucear desde el muelle con mi hermana, Jerónima, allá en Panamá. Oh, volver a tener esos días de la infancia, saltando y corriendo bajo el sol. En ese momento, abracé los buenos recuerdos de mi hogar.

Dios me había abierto esa puerta de oportunidad para disfrutar del placer de estar allí, pero ser hijos de Dios a menudo significa que nunca estamos fuera de servicio; porque como embajadores de Cristo, siempre debemos estar listos para servir. Esto resultaría cierto, en una reunión de la iglesia más tarde esa noche.

Acompañé a la madre de mi amigo a su iglesia y mientras estaba allí, me pidieron que orara por los enfermos. Muchos vinieron creyendo y fueron curados al instante. Pero muy a mi pesar, su madre cayó desmayada y quedó inconsciente. Todo el mundo se alarmó. Todos nos pusimos a rezar y a interceder profundamente por su alma y su vida. Para nuestro alivio, ¡se despertó! ¡Alabado sea nuestro Señor! Gritamos. ¡Sólo el poder de Dios le infundió vida y la revivió. Alabado sea el Señor por las grandes cosas que ha hecho!

Capítulo 15

No Hay Distancia En El Reino Del Espíritu

Oración Por Un Hombre En Londres

Frecuentemente me reúno con otros creyentes para atender varias peticiones de oración e interceder por los necesitados. En este día en particular, mientras orábamos, mi amiga, Gayle, recibió una llamada solicitando oración por un miembro de la familia que vive en Londres. El joven, Lamonte, estaba paralizado desde el cuello hasta los dedos de los pies (tetrapléjico) y llevaba algún tiempo postrado en la cama, pero yo sabía que nada es imposible para Dios.

Gayle me pidió que dirigiera la intercesión y se puso de acuerdo conmigo. En ese momento, sentí que la virtud abandonaba mis manos y las extendí como punto de contacto. Pude relacionarme con la experiencia de Jesús cuando sintió que la virtud (el poder) salía de su cuerpo y fluía hacia la mujer con flujo de sangre.

Según Lucas 8:43-47: Pero una mujer que padecía de flujo de sangre desde hacía doce años, y que había gastado en médicos todo cuanto tenía, y por ninguno había podido ser curada, se le acercó por detrás y tocó el borde de su manto; y al instante se detuvo el flujo de su sangre. Entonces Jesús dijo: ¿Quién es el que me ha tocado? Y negando todos, dijo Pedro y los que con él estaban: Maestro, la multitud te aprieta y oprime, y dices: ¿Quién es el que me ha tocado? Pero Jesús dijo: Alguien me ha tocado; porque yo he conocido que ha salido poder de mí. Entonces, cuando la mujer vio que no había quedado oculta, vino temblando, y postrándose a sus pies, le declaró delante de todo el pueblo por qué causa le había tocado, y cómo al instante había sido sanada.

El joven de Londres no estaba previamente enfermo; era fuerte y se dedicaba a sus asuntos cotidianos; pero de repente se quedó paralizado, sin poder peinarse, cepillarse los dientes o alimentarse. Cuando sentí que la virtud (el poder) fluía de mis dedos, le aseguré a mi amiga que el milagro había ocurrido. Supe a qué se refería Jesús cuando dijo en la escritura anterior "sentí que el poder de la curación salía de mí".

Desde ese momento, cada vez que oraba y sentía que el poder salía de mí, los guerreros de la oración sabían lo que había ocurrido. Ellos sabían que la curación había tenido lugar. Aunque no lo sienta, sé por fe que Dios ha intervenido. Los cristianos caminamos por fe y no por vista. Sin una fe inquebrantable, es imposible agradar a Dios. No importa lo lejos que esté una persona geográficamente, Dios puede alcanzarla en el Reino del Espíritu instantáneamente. Dios es omnisciente (lo sabe todo), omnipotente (todopoderoso) y omnipresente (presente en todas partes al mismo tiempo). Al darse cuenta de esta verdad, todo el crédito se debe al Padre. Por lo tanto, no me glorifico de la obra que el Señor hace a través de mí. Todos los creyentes son instrumentos. Nuestro Señor es el que sana, hace que los sordos oigan, los cojos caminen y los ciegos vean.

Más tarde, esa misma noche recibimos el informe de alabanza de que Lamonte se levantó repentinamente de la cama y comenzó a cepillarse los dientes y a cuidar de sí mismo. Fue un informe feliz. ¡Gloria a Dios! Él es el bálsamo curativo en Gilead, en Londres y en tantos otros pueblos y ciudades.

Capítulo 16

Viaje Misionero A Nicaragua

Encontramos Hermanos Perdidos En Nicaragua: ¡Aleluya!

Mi padre nació en la ciudad y puerto de Bluefields, que es la capital de la Región Autónoma del Caribe Sur en Nicaragua. Nicaragua es una nación centroamericana ubicada entre el Océano Pacífico y el Mar Caribe. Es conocida por su extenso terreno de lagos, volcanes y atractivas playas. Las vistas panorámicas son impresionantes y fueron casi tan estimulantes como mi encuentro con mis hermanos, a los que nunca había conocido. Era la patria de mi padre y sus dos hijos, mis hermanos de sangre. Mi padre era amigo de su madre desde mucho antes de que naciéramos, pero rara vez hablaba de sus otros hijos. Por lo tanto, la idea de tener otros hermanos aparte de mi familia inmediata era muy extraña para nosotros. Nuestras conexiones familiares nicaragüenses eran misteriosas, pero yo estaba decidida a establecer contacto.

Mi hermana y yo, las más pequeñas, siempre supimos que nos teníamos la una a la otra, y a Pluto, por supuesto. Además, mamá y papá parecían reírse mucho juntos. Seguramente, eso era amor.

Nuestro papá no era ni mucho menos perfecto, pero éramos demasiado jóvenes para saberlo entonces. Las borracheras y las discusiones a gritos a menudo se me quedaban grabadas en los oídos. Era aterrador entonces — e incluso ahora, cuando pienso en eso. Los malos recuerdos aún perduran. La verdad es que era un hogar roto. Mi madre intentaba protegernos tanto como podía, pero un día no podría hacerlo. Ella, como muchas de sus vecinas y primas, fue víctima de abusos domésticos. Ella también, como muchas de las mujeres de la comunidad, fue una vez joven y muy hermosa con el deseo en su corazón de amar y ser amada. Papá le robaba su sueño con su rabia. De niños aprendimos a ignorar las horribles palizas que acabaron causando graves lesiones a mi madre. Lamentablemente, nunca se recuperó del todo. Peor aún, mi padre nunca se disculpó por ninguna de sus fechorías. Mi mente se cuestionaba a menudo los incidentes que ocurrían tan a menudo en esos días y noches, llenos de caos.

¿Cuántas mujeres pasan, no sólo por el dolor del abuso, sino por la vergüenza y la autoculpa? Esto es incluso cierto en la iglesia entre muchos cristianos, especialmente las esposas de los pastores. Supe, por experiencia, que incluso los niños y las niñas eran a menudo víctimas de abusos en los bancos de la iglesia. Como misioneros, no sólo éramos guerreros de la oración, sino que a menudo estábamos en una zona de guerra, luchando por los supervivientes. En consecuencia, me propuse estudiar el tema.

Según el último informe de la Organización Mundial de la Salud (OMS), publicado por la OPS/OMS en colaboración con los Centros para el Control y la Prevención de Enfermedades de Estados Unidos, en 12 países de América Latina y el Caribe estudiados, entre el 17% y el 53% de las mujeres entrevistadas declararon haber sufrido violencia física o sexual por parte de su pareja. En mi país, si no hubiera sido por mis abuelos, la vida podría haber sido más traumática. Hacía falta todo el pueblo para criar a dos niñas aventureras.

Mientras preparaba el equipaje para mi viaje a Nicaragua, seguía sintiendo el dolor de mi madre. No sabía si mi curación vendría de saber mucho más sobre los hijos de mi padre y sus vidas; pero al menos esa era mi esperanza, mientras me acercaba. Tomé la guía telefónica, encontré un nombre familiar en el directorio nicaragüense y marqué un número. Resultó que la persona que contestó era otro pariente cercano llamado Jeremías. Contestó al teléfono alegremente y confirmó que conocía bien a mis hermanos. Mientras hablábamos, se presentó como pastor local; ¡aleluya! No es necesario decir que ambos teníamos muchas preguntas y durante nuestra larga conversación, compartimos mucha información confirmatoria y decidimos intercambiar más detalles y fotos.

Lo consulté con mi hermana y decidimos con entusiasmo embarcarnos juntas en este viaje. Viajaríamos a Nicaragua por fe, comprendiendo que habían pasado muchos años y que mi padre ya había fallecido. No podía causar más daño, pero tampoco podía dar respuestas. Sabía que sus hijos tendrían más de 60 años en el momento de mi búsqueda; y secretamente, me preguntaba si alguna vez los conoceríamos. De alguna manera, supe que era el momento adecuado y que era imperativo que nos conectáramos en persona. Mis esfuerzos por localizarlos serían un enorme camino de fe y de confianza en mis instintos. Éramos dos chicas, hijas de nuestro padre, que buscábamos encontrar piezas perdidas de nosotras mismas y de nuestros hermanos perdidos.

Viajé desde Nueva York a Panamá para conseguirme con ella y luego nos embarcamos en un avión hacia

Nicaragua. Sentadas en silencio mientras aterrizábamos, sabíamos secretamente que nada era imposible con Dios. Esperábamos juntas. Cuando llegamos, el pastor nos estaba esperando para recibirnos y nos abrazó a las dos. El vuelo había sido largo. El pastor era encantador y estaba lleno de entusiasmo. Recogimos nuestro equipaje y por fin nos pusimos en camino para conocer a nuestros hermanos de sangre. El pastor Jeremías se sentó con su conductor (que era más bien un guía turístico) mientras hablábamos. Nos invitó a hacer una parada rápida en su casa por el camino. Aceptamos con entusiasmo.

¡Qué Agradable Sorpresa!

El pastor mantuvo nuestra búsqueda y nuestra visita en secreto. Nos quedamos extasiados al llegar a su encantadora casa, porque, sin saberlo, había invitado a nuestros hermanos a cenar. Los saludamos frenéticamente, cara a cara, por primera vez. Todos mis temores se disiparon cuando nos abrazaron con sus fuertes brazos; riendo y besando a ambos. Más tarde admitieron que también tenían cierto escepticismo. ¿Se les puede culpar? Sin embargo, pronto se les pasó. Después de compartir muchas historias coloridas de nuestra historia familiar, estaba claro que éramos los hijos de nuestro padre. Fue un gran consuelo tener por fin hermanos. Ellos expresaron genuinamente el mismo sentimiento hacia nosotras. Nos miraban atentamente con asombro y ternura como si fuéramos muñecas de porcelana. ¡Misión cumplida! Comimos frijoles con arroz y tantos alimentos nuevos hasta quedar llenos. El tan esperado encuentro fue glorioso.

Mis Hermanos En Nicaragua

Todos habíamos dado un paso de fe. El miedo a lo desconocido había desaparecido para siempre. Para mí, esto no sólo fue un viaje misionero, sino que también fue poner las piezas de mi vida emocional juntas. El vacío de no conocer a los hijos de mi padre se llenó para siempre. El dolor de la infancia se reparó en este espacio nunca antes compartido con mis nuevos hermanos. El amor, directamente desde el cielo, se desplegó y me abrazó. Fue la curación que había anhelado durante muchos años.

Evangelización

En mis viajes a lo largo de los años, he ganado muchas Sky Miles, así como innumerables almas para el reino. He practicado el siguiente principio personal: cuando el avión aterriza en un país, ¡reclamo la tierra y sus habitantes para el Señor! Por lo tanto, cuando pisé suelo nicaragüense, ¡también lo reclamé! En este caso, como en cada viaje misionero, reclamé y vi victorias tras victorias.

Llegué lista y preparada con literatura del evangelio para distribuir, como lo haría normalmente en mi viaje diario de ida y vuelta al trabajo. Al día siguiente de nuestra llegada salimos al pueblo donde la gente estaba hambrienta de Dios.

Incluso cuando el adversario intenta robarme, me alegro, porque Dios siempre interviene. He aquí un ejemplo. Mientras estaba en Nicaragua, estaba de pie en una esquina de la calle con algunos folletos en la mano y de repente, un hombre se precipitó y me arrebató uno de la mano y salió corriendo. Esto me divirtió, porque me da mucho placer alcanzar a la gente para el Reino de Dios. El evangelismo es el mayor deseo de Dios.

La Biblia dice en 2 Pedro 3:9 "El Señor no retarda su promesa, según algunos la tienen por tardanza, sino que es paciente para con nosotros, no queriendo que ninguno perezca, sino que todos procedan al arrepentimiento".

Antes de continuar con mi historia, le hago esta invitación: Si usted no conoce a Jesús como su Salvador personal, Libertador, Sanador y amigo, puede aprovechar esta oportunidad única en la vida para hacerlo, simplemente siguiendo estos pasos. Por favor, lea y confiese verbalmente lo siguiente... Según Romanos 10:8-11, *"Mas ¿qué dice? Cerca de ti está la palabra, en tu boca y en tu corazón. Esta es la palabra de fe que predicamos: que si confesares con tu boca que Jesús es el Señor, y creyeres en tu corazón que Dios le levantó de los muertos, serás salvo. Porque con el corazón se cree para justicia, pero con la boca se confiesa para salvación. Pues la Escritura dice: Todo aquel que en él creyere, no será avergonzado".* Es así de fácil. ¡Felicitaciones!

En otras palabras, acaba de reconocer y confesar con sus labios que Jesús es el Señor. Cree que Dios lo resucitó de entre los muertos, y ahora, ¡está salvado! Estudie la Palabra de Dios y ayude a evangelizar el mundo.

Comience como yo, comparta el Evangelio con su cónyuge, compañero de trabajo, vecinos e hijos.

Porque con el corazón la persona cree (se adhiere, confía y se apoya en Cristo) y así es justificada (declarada justa, aceptable para Dios) y con la boca confiesa (declara abiertamente y habla libremente su fe) y confirma [su] salvación.

Las Escrituras continúan diciendo,

Ningún hombre que cree en Él (que se adhiere, se apoya y confía en Él) será (jamás) avergonzado o decepcionado.

¿Pero qué dice? La Palabra (el mensaje de Dios en Cristo) está cerca de ti, en tus labios y en tu corazón; es decir, la Palabra (el mensaje, la base y el objeto) de la fe que predicamos.

La Iglesia Local Con Mi hermana: Nuestra Última Parada

Mientras estábamos en Nicaragua, Jerónima y yo fuimos invitadas por mi hermano a la iglesia local. Ministramos la Palabra de Dios escrita y también adoramos en la danza de alabanza. Además, oramos por muchos, especialmente por los enfermos.

Incluso hoy, creemos firmemente en el propósito y el plan de Dios, es decir, hacer su perfecta voluntad. El Espíritu Santo sigue guiándonos diariamente con increíbles aventuras. Como resultado de los años de viajes misioneros juntos, muchas personas se mantuvieron en contacto con nosotros, tanto de la congregación llena de espíritu del pastor, como de los vecinos. Noche tras noche, durante nuestra visita con mis hermanos, los vecinos se reunían en la casa de mi sobrino. En nuestro primer servicio, sólo había unas pocas personas presentes, pero el número creció rápidamente. Más tarde, cuando volvimos a casa, mi sobrino tuvo la amabilidad de ayudarnos a mantener el contacto a través de las redes sociales. Así, gracias a los contactos que hicimos, podemos (junto con la ayuda y el apoyo de otras iglesias) ser una fuente de suministros y otros recursos para ellos.

A menudo pienso en mi viaje a Nicaragua como parte de una misión alrededor del mundo. La cocina nicaragüense, simple y sencilla, era muy apetecible. Todavía puedo saborear el delicioso plato de Gallo Pinto, uno de los favoritos de la gente local. Mi familia, al igual que yo, parecía disfrutar de los jugos tropicales frescos, tan populares allí. Estaba tan emocionada de compartir mi viaje con mi hermana Jerónima, que todavía nos deleitamos con la oportunidad de haber conocido por fin a nuestros hermanos, los hijos de mi padre — hombres que ahora tienen sus propias familias.

Cuando viajábamos en grupo, los santos decían que también estaban agradecidos por la amabilidad de la gente. Hay recuerdos vívidos de familias que llegaban en auto, en avión, a veces desde granjas lejanas o incluso en barco. Otras, en cambio, caminaban muchos kilómetros. A menudo era una dificultad para muchos, pero, al llegar y experimentar la presencia de Dios, sentían que el viaje valía la pena. En Nicaragua hay dos estaciones, una de lluvias y una de sequía. Por lo general, el clima nunca detuvo los servicios de la iglesia.

En muchos de estos servicios, cientos de nuevas personas de la iglesia aceptaron a Jesús como su Señor y Salvador personal. Estas queridas personas llevarían lo que aprendieron, el Evangelio de Cristo, de vuelta a casa para compartirlo con sus comunidades. Informaron que muchas reuniones continuaron. Después de nuestra partida, innumerables personas conocieron a Jesús y sus vidas cambiaron. Los matrimonios fueron restaurados, los niños fueron preparados para asistir a la universidad y los negocios prosperaron. Tuvimos la suerte de encontrar tantos favores con pastores locales bien capacitados y congregaciones en las ciudades que visitamos.

Aunque estoy de vuelta en Manhattan, mi ministerio de alcance todavía continúa hoy en día a la gente en la tierra natal de mi padre, Bluefields. Las Biblias, las cintas del ministerio, los devocionales diarios y los regalos se reciben con corazones agradecidos. El pastor Jeremías sigue haciendo un trabajo impresionante en su iglesia. No puedo evitar pensar que Dios está muy contento con él. Recibo palabras de agradecimiento de la gente de Nicaragua con la que la familia de mi padre ha compartido el Evangelio. Desde mi corazón, les doy más gracias.

Estoy convencida de que no hay distancia en el Reino del Espíritu y esa ha sido mi experiencia. He visto caminar a los cojos y resucitar a los muertos. Los viajes misioneros a África, México, los Países Bajos, Trinidad y Tobago, las Islas Vírgenes y el encuentro con amigos especiales en Nicaragua han dejado una huella indeleble en mi vida.

Mi consuelo cuando ministro es que estoy en la perfecta voluntad de Dios, guiada por el Espíritu Santo, ya sea ministrando en el trabajo o en el extranjero. En el Credo de Nicea se hace referencia al Espíritu Santo como el Señor y el Dador de Vida. También se le llama Espíritu Creador, presente antes de la creación del universo y por su poder, todo fue hecho en Jesucristo, por Dios nuestro Padre. La referencia que más me gusta se encuentra en Juan 14:26, que dice, Él es un ayudante.

> *Más el Consolador, el Espíritu Santo, a quien el Padre enviará en mi nombre, él os enseñará todas las cosas, y os recordará todo lo que yo os he dicho.*

La responsabilidad como ministra y evangelista puede parecer abrumadora, pero mis viajes revelan que conlleva innumerables recompensas. Las numerosas aventuras que he vivido a lo largo de los años han sido estimulantes. Soy más rica por haber conocido a tantas personas extraordinarias, haber tocado los rostros de los bebés y haber estrechado la mano de muchos dignatarios. He disfrutado del viaje. Escribir mi historia me ha traído muchos recuerdos agradables y un sentimiento de gratitud por todos los que han estado presentes en el camino. Ha sido una empresa aventurera que comenzó en mi lugar de nacimiento—la Isla Colón, nuestro hogar, donde Jerónima y yo comíamos fruta sabrosa y almibarada y bebíamos agua de coco juntas, llorábamos lágrimas de "caimán", desconcertábamos a nuestros compañeros y nos uníamos en nuestras charlas infantiles.

Jerónima sigue siendo mi mejor amiga. Ella, aquella niña aventurera de ojos grandes que se zambullía deliberadamente en las sombrías aguas de la costa tras Pluto, siempre fue una superviviente muy atrevida. Ha heredado la gallardía y la resistencia de Lorline. De alguna manera, ambas hemos superado milagrosamente nuestro turbulento viaje, no sólo encontrando fuerza, sino perfeccionando nuestra autoestima y abrazando nuestro propósito. Estoy tan orgullosa de decir que ella ha emergido como una mujer altamente ungida, amando a Dios y construyendo una familia y un ministerio ejemplares. ¡¡¡Aleluya!!!

Mi hermana siempre deseó una familia feliz y Dios se la concedió y a cambio, ella da su tiempo desinteresadamente a otros. Está casada con un hombre de buen corazón que es pastor. Cuando ella y Edgar se juntaron, gané un cuñado extraordinario. Ella y su esposo desempeñan diversas funciones en su iglesia, como consejeros matrimoniales y profesores de la escuela dominical. Con un celo por ver a otras familias enteras, mi querida hermana sigue evangelizando en varias provincias de Panamá. Ella lidera los Ministerios de Alcance, apoyando y alentando a las mujeres que se sienten abatidas, deprimidas y desanimadas. Yo he sido como esas mujeres muchas veces en mi vida.

Jerónima y Edgar tienen dos hijos extremadamente dotados: mi hermosa sobrina Esther y mi sobrino Abraham, que han heredado el aprecio por la música de su abuela de "voz de contralto". También son abuelos y ejercen una gran energía con una niña saltarina de dos años, Faith. Esto no es diferente a mi compromiso con mi preciosa Vashti, mi primera nieta. Es una alegría indescriptible ver a nuestros hijos crecidos y haciéndolo extraordinariamente bien.

Cada uno de nosotros puede ver los asombrosos dones de nuestra madre emergiendo en sus vidas, especialmente en mi propia "niña especial" Vonnetta, que es una hábil artista del lápiz autodidacta. Puede que algún día sea famosa. Mis hijos son George y Alonso. Estoy muy orgullosa de todos sus logros. Son fuertes como su padre y excepcionalmente creativos como yo. Ambos son expertos tatuadores y han trabajado con muchas personas conocidas. A mamá Lorline le habría gustado eso, ya que ella misma fue artista en el Caribe. Todos son increíbles. Mirando hacia atrás, ahora puedo ver cómo el Espíritu Santo caminó constantemente junto a mí y a mi hermana.

Capítulo 17

Mi Viaje Misionero A Panamá

Aunque soy de Panamá, el Señor me envió en varias ocasiones a ministrar allí. Aquí está uno de los relatos del movimiento del Espíritu Santo.

Hace algunos años, viajé de regreso a casa por vacaciones, llegando un sábado por la tarde. Cuando llegué a la casa de mi hermana, mi cuñado, que era el pastor asistente de la iglesia, me informó que la iglesia estaba en convocatoria esa semana y que el sábado por la noche sería la última noche de la misma. La familia ya se estaba vistiendo para el evento, pero él se volvió y me señaló diciendo, "¡Usted va a ministrar esta noche!" Me quedé asombrada y lo miré interrogante, preguntándome qué iba a hacer o decir. ¿Sabe lo que hizo? Simplemente se alejó con una mirada en su rostro como diciendo, "¡Está por su cuenta!"

¿Adivine qué hice después? Dije, "Señor, ayúdame; no tengo nada preparado". No tenía tiempo para preparar un mensaje, porque acababa de llegar esa tarde. ¡Y bien! Esta fue la respuesta de Dios para mí, "¡Que suenen sus testimonios!" Me sentí muy alegre, ¡porque sabía que era fácil!

Antes de mi viaje, el Señor me había mostrado una visión en la que estaba ministrando en un servicio de la iglesia y mientras ministraba, vi a la gente correr hacia el altar confesando sus faltas y clamando en arrepentimiento de sus pecados. En esta visión el altar estaba lleno de esquina a esquina. El Señor comenzó a explicarme lo que estaba viendo. Me dijo, "Mientras siga hablando, la gente correrá al altar para pedir perdón por sus pecados y para arreglar las cosas en sus vidas".

En la segunda parte de la visión: me vi a mí misma sentada en el banco después de terminar de ministrar y alguien vino, me tocó en el hombro y me entregó un sobre blanco tamaño carta. Me imaginé que era una ofrenda. ¡La verdad es que Dios es un Dios increíble!

Volviendo a mí historia. Aquí estamos en la convocatoria de ese sábado por la noche y estoy lista para compartir o dejar que mis testimonios sean escuchados. Comencé compartiendo y el Señor me instruyó sobre lo que debía decir. El tema era sobre la fornicación, el adulterio y la falta de fidelidad al Señor. La entrega del mensaje fue contundente y subrayé la importancia de no jugar con Dios cometiendo inmoralidad sexual en privado y luego venir a la iglesia actuando inocentemente. Incluso aseguré a la gente que los hombres se meterán en las congregaciones y llevarán a las mujeres tontas y débiles por el mal camino. Reiteré intencionadamente esas palabras y de repente vi a un hombre que estaba sentado en el fondo de la iglesia levantar el vuelo. No supe quién era hasta más tarde, cuando me informaron de que había estado frecuentando sus servicios tratando de seducir a las jóvenes. Dijeron que después de esa noche no volvió más. ¡Aleluya!

¡Le digo la verdad! Cada detalle de mi visión era cierto; porque mientras yo estaba ministrando la gente corría de todas partes de la congregación al altar gritando, "me arrepiento" y diciendo cosas como, "¡estoy viviendo con esta mujer por tantos años y no estoy casado! Chicos y chicas jóvenes que estaban fornicando se acercaban a mí diciendo, "mi novio y yo estamos durmiendo juntos".

Hubo un poderoso movimiento del Espíritu Santo.

Capítulo 18

El Espíritu Santo: El Mismo Ayer, Hoy Y Siempre

El Espíritu Santo es la tercera persona de la Santísima Trinidad. Forma parte de la Persona de Dios; tenemos a Dios Padre, Dios Hijo y Dios Espíritu Santo. Fue enviado desde el Cielo para ser nuestro ayudante.

Aunque el Espíritu Santo es una Deidad, es un Amigo; nuestro Consolador. Él es el que fue enviado para ayudarnos. Él está siempre con nosotros. Él habla y da a conocer Su presencia. No es un producto de nuestra imaginación, sino que es muy real. Para mí, el Espíritu Santo es una persona encantadora; un amigo de los que no tienen amigos. ¡El Espíritu Santo es tan agradable!

He experimentado su presencia, su compañía. Él es un compañero para aquellos que necesitan un amigo y nos recuerda las cosas que Jesús dijo mientras estaba en la tierra.

El Espíritu Santo también es conocido como Ayudante. Un ayudante es uno que está ahí para asistirte. Uno que nunca te dejará o abandonará bajo ninguna circunstancia. Él nos fortalece en nuestras debilidades. Es un intercesor (cuando no sabemos qué orar, el Espíritu Santo nos ayuda a orar).

El Espíritu Santo es un Paráclito, lo que significa uno que es llamado al lado de uno, que camina hombro con hombro con usted. Es el Consolador, el Consejero, el Espíritu de la Verdad y el Maestro.

Está siempre presente. Es omnipresente; por lo tanto, debemos recibirlo, reconocer y admitir Su presencia.

Él impartirá en nuestras vidas los caminos de la justicia, la fidelidad, la bondad, la compasión, el amor, la sabiduría y mucho más, permitiéndonos reconocer cuán glorioso, cuán santo, cuán poderoso y disponible es Él.

Él es más de lo que nuestras palabras podrían describir. No podemos comprender, descubrir, ni siquiera aprovechar Su magnificencia.

Él, al igual que nuestro Padre Dios y el Señor Jesucristo, nos defiende a través de la vida; Él es el mismo ayer, hoy y siempre.

ALABADO SEA DIOS
POR SU INEFABLE DON.

¡Que Dios Lo Bendiga!

En Agradecimiento

Es con mucho agradecimiento, placer y alegría que tinta mi pluma para escribir una memoria en este libro escrito por mi hermana, Lourdes Lewin.

Nosotros, la generación de la familia Lewin: Batiste, Nicolás y Jordan, nos sentimos honrados de reconocer y apreciar el don que Dios le ha dado para bendecir a muchas personas en todo el mundo.

Reverendo Mario E. Nicolás Batiste
3 de agosto de 2021 a las 4:25 pm

BIOGRAFÍA DE
LOURDES LEWIN

Lourdes es poderosa. Nacida en Panamá, es Evangelista, Intercesora, Profeta, Maestra y actualmente es miembro de la Iglesia de la Restauración de Jesucristo Apostólico Internacional, Inc. en Brooklyn, Nueva York, bajo el liderazgo del Dr. Roberto Robinson Sr. y la Primera Dama la Dra. Mónica Robinson.

Ella ha realizado viajes misioneros a Hawái, los Países Bajos, Jamaica, en las Indias Occidentales, México, Nicaragua, Panamá, Trinidad y Tobago, y las Islas Vírgenes donde ha sido testigo del poder de Dios trabajando a través de ella y de otros.

Es una emprendedora, a la que le gusta animar a otros emprendedores patrocinando Exposiciones Cristianas como una oportunidad para mostrar sus negocios. Lourdes sigue brillando en la comunidad cristiana ayudando a los pobres, alimentando a los hambrientos y ganando almas para Cristo.

ETERNAL CREATIONS

Para más información

Contacta a Lourdes Lewin a través del correo electrónico eternalcreationsjcml@yahoo.com

www.ingramcontent.com/pod-product-compliance
Lightning Source LLC
Chambersburg PA
CBHW070920160426
43193CB00011B/1544